명문장으로 배우는 영어 – 연설, 영화, 소설

Learning English through famous sentences
– Speeches, Films and Novels

강혜경 지음

KM 경문사

명문장으로 배우는 영어 – 연설, 영화, 소설

Learning English through famous sentences
– Speeches, Films and Novels

지은이 강혜경
펴낸이 조경희
펴낸곳 경문사
펴낸날 2025년 8월 14일 1판 1쇄
등 록 1979년 11월 9일 제1979-000023호
주 소 04057, 서울특별시 마포구 와우산로 174
전 화 (02)332-2004 팩스 (02)336-5193
이메일 kyungmoon@kyungmoon.com

값 20,000원

ISBN 979-11-6073-669-4

이 책의 개요

『명문장으로 배우는 영어 – 연설, 영화, 소설』은 유명 인사의 영어 연설문, 영화의 명장면 명대사, 그리고 소설 속 주옥같은 구절들을 엄선하여 독자들이 읽으면서 영어 능력을 향상시키고 깊은 통찰과 감동을 느낄 수 있도록 구성된 책입니다. 이 책은 영어 표현의 의미와 맥락을 이해하는 데 중점을 두고, 원문에 집중하여 큰 소리로 따라 읽으며 반복 학습을 유도합니다. 이 과정을 통해 독자들은 선별된 영어 명문장을 쉽게 기억할 수 있을 뿐 아니라, 영어 학습은 물론 삶의 지혜와 감성을 더욱 풍부하게 하는 데 큰 도움이 될 것입니다.

이 책은 국제화 시대에 필수적인 영어 능력과 교양 교육을 융합하여 독자들이 글로벌 교양인으로 성장할 수 있도록 돕습니다. 품격 있는 영어 문장과 수사학을 배우며, 개인의 경험에서 우러나오는 진솔한 이야기들이 담긴 명연설, 영화의 명장면, 문학작품 등을 통해 듣기, 읽기, 말하기, 쓰기 능력을 통합적으로 발전시킵니다. 또한, 관련 영상 자료를 활용하여 흥미로운 학습 경험을 제공하며, 독자들이 글로벌 사회에서 자신감을 가지고 자유롭게 소통할 수 있도록 든든한 가이드 역할을 할 것입니다.

이 책의 목표

1. 맥락 속에서 영단어를 습득하고 영어 문장 구성 및 행간의 의미를 이해함으로써 문해력을 향상시킵니다.

2. 다양한 주제를 통해 깊은 통찰력과 감성을 키워 사고 능력을 확장합니다.

3. 글로벌 사회에서 자신감을 가지고 원활하게 소통하며, 영어권 나라의 생활방식과 문화를 폭넓게 이해하여 인문학적 소양을 갖출 수 있도록 합니다.

이 책의 특징

이 책은 4차 산업혁명 시대에 발맞추어 감성영어 프로젝트의 일환으로, 기계와 로봇이 주도하는 세상에서 인간의 사고와 감성을 강조합니다. 영어 능력이 더욱 중요해진 글로벌 시대를 맞아, 영어 전공 학생뿐만 아니라 다양한 전공의 학생들과 일반인들이 흥미롭게 영어를 배울 수 있도록 구성되었습니다.

각 단원에서는 주제별로 핵심 영어 단어 및 그 정의, 관련 인용문, 맥락 속의 연관 단어들을 학습합니다. 학습자의 흥미를 유도하기 위해 주요 장면을 담은 유튜브 영상 링크를 제공하여 더욱 풍부한 학습 경험을 선사합니다. 또한, 학습자는 선별된 주요 영어 문장을 깊이 음미하며 마음에 새기는 과정을 통해 소중한 교훈을 얻게 될 것입니다.

이 책의 활용방법

1. **〈들어가기〉와 〈개요〉** : 각 단원에서 다룰 연설자, 영화감독, 소설 작가 등 주요 인물들의 배경과 업적, 그리고 그들의 철학을 탐구하며 깊이 있는 이해를 돕습니다.

2. **영상 시청 및 학습** : 각 단원의 관련 영상을 시청하면서 영문 듣기, 텍스트 지문 읽기, 그리고 내용과 주제를 파악하는 시간을 가집니다. 이 과정을 통해 제목, 주제어 또는 주제문, 관련 영단어, 주요 표현, 그리고 문법 포인트를 체계적으로 정리합니다.

3. **반복 학습** : 영상 시청, 듣기, 지문 읽기를 반복하여 전체 내용의 주제와 상황을 깊이 이해하고, 전달하려는 메시지를 파악합니다. 주제에 대한 명확한 정의를 내리고, 유사한 주제를 다룬 인용문들을 비교하여 어휘력을 확장하며, 전개되는 스토리에 자신의 생각을 더해 인문학적 상상력을 발휘합니다.

4. **연습문제 활용** : 주요 단어와 표현을 맥락 속에서 심층적으로 리뷰하는 연습문제를 통해 학습자들은 영어 듣기, 말하기, 읽기, 쓰기를 균형 있게 연습합니다. 이 활동을 통해 맥락과 상황에 맞는 영어 표현과 구문을 익혀 실생활에서도 효과적으로 활용할 수 있는 능력을 키워나갑니다.

이 책의 차례

01

[Speech] J.K. Rowling, The fringe benefits of failure

[연설문] J.K. 롤링, 실패로부터 얻는 교훈

이 장에서는 J.K. Rowling의 하버드대학교 졸업 연설 원문을 통해
그녀의 깊은 통찰과 감동적인 메시지를 직접 읽어볼 것입니다.

연설문에 사용된 다양한 영어 단어와 표현법을 익히고 활용함으로써,
우리의 언어적 능력을 더욱 발전시킬 수 있을 것입니다.

특히, 연설의 제목인 '실패가 주는 부수적 이익(실패로부터 얻는 교훈)'에 대한
다양한 의견을 제시하며, 실패가 어떻게 성장과 배움의 기회로 이어질 수 있는지를
깊이 고민해보는 시간을 가질 것입니다.

이러한 과정을 통해 우리는 실패를 두려워하지 않고,
오히려 그것을 통해 더 나은 자신으로 발전할 수 있다는
중요한 교훈을 얻게 될 것입니다.

J.K. Rowling의 The fringe benefits of failure: 실패로부터 얻는 교훈

J.K. Rowling의 하버드 졸업식 연설문에서 강조된 The fringe benefits of failure는 실패가 가져다주는 긍정적인 측면에 대한 깊은 통찰을 제공합니다. Rowling은 자신의 경험을 바탕으로 실패가 단순히 부정적인 결과가 아니라, 개인의 성장과 발전에 필수적인 요소임을 강조합니다.

첫째, 실패는 배움의 기회입니다. Rowling은 자신의 경력이 초창기에는 수많은 거절과 실패로 가득 차 있었음을 이야기합니다. 이러한 경험은 그녀에게 중요한 교훈을 주었고, 그 결과로 더 나은 작가로 성장할 수 있었습니다. 실패는 우리가 잘못된 길을 가고 있다는 것을 깨닫게 해주며, 이를 통해 더욱 나은 선택을 할 수 있도록 돕습니다.

둘째, 실패는 겸손을 가르쳐 줍니다. 성공에 빠져들기 쉬운 사람들에게 실패는 자신을 돌아보게 하고, 진정한 가치와 목표를 재정의하도록 합니다. Rowling은 실패를 통해 자신이 진정으로 원하는 것이 무엇인지 깨닫게 되었고, 이를 통해 더 큰 목적을 향해 나아갈 수 있었습니다.

마지막으로, 실패는 회복력과 인내심을 키워줍니다. Rowling은 많은 어려움을 겪으며 포기하지 않았고, 그 과정에서 자신을 더욱 강하게 만들었습니다. 이는 졸업생들에게도 중요한 메시지로, 인생에서 마주하는 다양한 도전과 역경에 맞서 싸울 수 있는 힘을 기르는 것이 중요하다는 것을 일깨워 줍니다.

결론적으로, J.K. Rowling의 The fringe benefits of failure는 실패를 두려워하지 말고, 그것을 통해 얻는 교훈과 성장의 기회를 소중히 여겨야 한다는 중요한 메시지를 전달합니다. 실패는 우리가 성공으로 나아가는 과정에서 반드시 거쳐야 할 단계이며, 이를 통해 우리는 더 나은 자신으로 거듭날 수 있습니다.

1.

개요

1.1. J.K. 롤링(J.K. Rowling)

필명 J.K. Rowling으로 널리 알려진 Joanne Rowling은 영국 출신의 작가, 자선가, 영화 제작자, TV 프로듀서, 그리고 시나리오 작가입니다. 그녀는 아동 판타지 소설 『해리 포터(Harry Potter)』 시리즈(총 7권)로 가장 잘 알려져 있으며, 이 시리즈는 여러 권위 있는 상을 받았고, 전 세계에서 5억 부 이상 판매되어 역사상 가장 많이 팔린 책 시리즈로 자리 잡았습니다. 『해리 포터』 시리즈는 인기 영화 시리즈의 기반이 되었으며, 롤링은 영화 대본을 전반적으로 승인하고 최종 제작에도 참여했습니다. 또한, 그녀는 로버트 갤브레이스(Robert Galbraith)라는 필명으로 범죄 소설도 집필하고 있습니다.

J.K. 롤링의 베스트셀러 『해리 포터』 시리즈는 매혹적인 7부작 판타지 소설로 마법사와 흑마법사, 그리고 영국적인 색채가 돋보이는 작품들입니다. 전 세계적으로 큰 인기를 끈 이 작품을 통해 그녀는 빈털터리에서 부자로 거듭났습니다. 시리즈를 완성한 이후, 롤링은 볼런트 자선신탁(Volant Charitable Trust)을 설립하여 빈곤과 다발성 경화증(multiple sclerosis) 등 다양한 문제를 다루는 자선 사업에 재산을 기부해 오고 있습니다.

그녀는 2008년 하버드대학교 졸업식에서 "실패로부터 얻는 교훈과 상상력의 중요성"에 대해 감명 깊은 연설을 했습니다.

1.2. Harry Potter Series

❶ Harry Potter and the Philosopher's Stone (1997) 『해리 포터와 마법사의 돌』
❷ Harry Potter and the Chamber of Secrets (1998) 『해리 포터와 비밀의 방』
❸ Harry Potter and the Prisoner of Azkaban (1999) 『해리 포터와 아즈카반의 죄수』
❹ Harry Potter and the Goblet of Fire (2000) 『해리 포터와 불의 잔』
❺ Harry Potter and the Order of the Phoenix (2003) 『해리 포터와 불사조 기사단』
❻ Harry Potter and the Half-Blood Prince (2005) 『해리 포터와 혼혈 왕자』
❼ Harry Potter and the Deathly Hallows (2007) 『해리 포터와 죽음의 성물』

『해리 포터』는 영국 작가 J.K. 롤링이 쓴 7권의 판타지 소설 시리즈입니다. 이 이야기에서는 어린 마법사 해리 포터와 그의 친구 헤르미온느 그레인저, 론 위즐리의 모험을 다룹니다. 이들은 모두 호그와트 마법학교의 학생으로, 주요 스토리는 불멸의 존재가 되어 마법부를 전복하고 모든 마법사와 머글(비마법인)을 지배하려는 어둠의 마법사 볼드모트 경과 해리의 치열한 투쟁을 중심으로 전개됩니다.

Harry Potter is a series of seven fantasy novels written by British author J.K. Rowling. The novels chronicle the lives of a young wizard, Harry Potter, and his friends Hermione Granger and Ron Weasley, all of whom are students at Hogwarts School of Witchcraft and Wizardry. The main story arc concerns Harry's struggle against Lord Voldemort, a dark wizard who intends to become immortal, overthrow the wizard governing body known as the Ministry of Magic and subjugate all wizards and Muggles (non-magical people).

<사진 출처>

https://en.wikipedia.org/wiki/Harry_Potter_and_the_Philosopher%27s_Stone
https://en.wikipedia.org/wiki/Harry_Potter_and_the_Chamber_of_Secrets
https://en.wikipedia.org/wiki/Harry_Potter_and_the_Prisoner_of_Azkaban
https://en.wikipedia.org/wiki/Harry_Potter_and_the_Goblet_of_Fire
https://en.wikipedia.org/wiki/Harry_Potter_and_the_Order_of_the_Phoenix
https://en.wikipedia.org/wiki/Harry_Potter_and_the_Half-Blood_Prince
https://en.wikipedia.org/wiki/Harry_Potter_and_the_Deathly_Hallows

<글 출처> https://en.wikipedia.org/wiki/Harry_Potter

2.

The Fringe Benefits of Failure
- 영문 텍스트 듣고, 읽고, 이해하기

아래 유튜브 링크를 클릭하여 연설을 들으며 아는 단어나 표현을 받아 적어보세요. 그런 다음, 연설문의 내용을 이해하며 큰 소리로 함께 읽어봅시다.

2.1. J.K. Rowling, The Fringe Benefits of Failure

The Fringe Benefits of Failure
J.K. Rowling
Harvard University Commencement
June 5, 2008

<영상 출처>
https://www.ted.com/talks/jk_rowling_the_fringe_benefits_of_failure?utm_campaign=tedspread&utm_medium=referral&utm_source=tedcomshare
[8:42-11:12]

The benefits of failure

실패로부터 얻는 교훈

So why do I talk about the benefits of failure? Simply because failure meant a stripping away of the inessential. I stopped pretending to myself that I was anything other than what I was, and began to direct all my energy into finishing the only work that mattered to me. Had I really succeeded at anything else, I might never have found the determination to succeed in the one arena I believed I truly belonged.

그렇다면, 제가 왜 실패의 이점에 관해 이야기하고 있는 걸까요? 간단히 말해서, 실패는 불필요한 것들을 제거하는 과정이었기 때문입니다. 저는 더 이상 제 자신이 아닌 다른 사람인 척하지 않기로 했습니다. 제게 진정으로 중요한 일에 모든 에너지를 쏟았습니다. 만약 제가 다른 분야에서 성공을 거두었다면, 제가 진정으로 믿었던 한 가지 분야에서의 성공을 위한 결단력을 결코 갖지 못했을 것입니다.

I was set free, because my greatest fear had been realised, and I was still alive, and I still had a daughter whom I adored, and I had an old typewriter and a big idea. And so rock bottom became the solid foundation on which I rebuilt my life.

저의 가장 큰 공포가 현실이 되었기에, 저는 그 공포로부터 자유로워졌습니다. 여전히 살아있고, 제가 사랑하는 딸도 있으며, 낡은 타자기와 큰 아이디어가 있었습니다. 그래서 그 실패는 제 삶을 재건할 수 있는 강력한 토대가 되었습니다.

You might never fail on the scale I did, but some failure in life is inevitable. It is impossible to live without failing at something, unless you live so cautiously that you might as well not have lived at all - in which case, you fail by default.

여러분은 제가 겪은 정도의 대규모 실패를 경험하지 않을 수도 있습니다. 하지만 인생에서 실패는 피할 수 없는 경험입니다. 어떤 것도 실패 없이 살 수는 없습니다. 물론, 아주 조심스럽게 살아간다면 삶을 아예 살지 않게 될 수도 있지만, 그 또한 결국 실패한 인생이 될 것입니다. 실패는 삶의 일부분이며, 성장과 배움의 기회로 작용합니다.

Failure gave me an inner security that I had never attained by passing examinations. Failure taught me things about myself that I could have learned no other way. I discovered that I had a strong will, and more discipline than I had suspected; I also found out that I had friends whose value was truly above the price of rubies.

실패를 통해 저는 시험 통과로는 얻지 못했던 내적 확신을 얻었습니다. 실패는 저에게 다른 어떤 방법으로도 배울 수 없는 귀중한 교훈을 안겨주었습니다. 그 과정에서 저는 강한 의지를 지니고 있다는 사실을 깨닫고, 제가 의심했던 것보다 훨씬 더 단단하게 성장했음을 알게 되었습니다. 또한, 루비보다 소중한 친구들이 제 곁에 있다는 것도 발견했습니다.

The knowledge that you have emerged wiser and stronger from setbacks means that you are, ever after, secure in your ability to survive. You will never truly know yourself, or the strength of your relationships, until both have been tested by adversity. Such knowledge is a true gift, for all that it is painfully won, and it has been worth more than any qualification I ever earned.

좌절 속에서 드러난 더 현명하고 강한 지혜는 여러분이 앞으로도 계속해서 살아남을 것임을 의미합니다. 자신과 인간관계의 힘은 역경을 겪기 전까지는 진정으로 알 수 없습니다. 이러한 지혜는 진정한 신의 선물이며, 비록 고통스러운 과정을 통해 얻어졌더라도, 제가 얻은 어떤 자질이나 능력보다도 더 큰 가치를 지니고 있습니다.

So given a Time Turner, I would tell my 21-year-old self that personal happiness lies in knowing that life is not a check-list of acquisition or achievement. Your qualifications, your CV, are not your life, though you will meet many people of my age and older who confuse the two. Life is difficult, and complicated, and beyond anyone's total control, and the humility to know that will enable you to survive its vicissitudes.

단어설명

- vicissitude 우여곡절
- a life full of vicissitudes 파란만장한 생애
- life's vicissitudes 인생의 부침

그래서 만약 시간을 되돌릴 수 있다면, 21살의 저에게 행복은 인생이 습득과 성취의 체크리스트가 아니라는 것을 깨닫는 데서 온다고 말해주고 싶습니다. 여러분의 자격증이나 이력서는 여러분의 삶을 정의하지 않습니다. 비록 이러한 것들과 인생이 같다고 믿는 사람들을 만날 수도 있지만, 인생은 어렵고 복잡하며 완벽히 통제할 수 없는 영역입니다. 이러한 사실을 아는 겸손은 여러분이 우여곡절을 극복하고 계속 나아가는 데 큰 힘이 될 것입니다.

<출처> https://news.harvard.edu/gazette/story/2008/06/text-of-j-k-rowling-speech/

3.

The Fringe Benefits of Failure가 우리에게 말해주는 것

2010년 하버드대학교 졸업식에서 『해리 포터』의 저자 J.K. 롤링은 "실패로부터 얻는 교훈(The fringe benefits of failure)"이라는 제목으로 연설하였습니다. 그녀는 힘들게 배운 교훈이 자신의 어떤 자격보다 더 가치 있다고 믿으며, 이제 학위를 마치고 세상에 나아가 꿈을 펼치려는 학생들에게 힘과 용기를 북돋아 주는 조언을 전했습니다.

여기에서 이 연설의 도입부를 소개합니다.

Text of J.K. Rowling's speech
'The Fringe Benefits of Failure, and the Importance of Imagination' BY J.K. Rowling, Copyright J.K. Rowling
June 5, 2008

President Faust, members of the Harvard Corporation and the Board of Overseers, members of the faculty, proud parents, and, above all, graduates.
The first thing I would like to say is 'thank you.' Not only has Harvard given me an extraordinary honour, but the weeks of fear and nausea I have endured at the thought of giving this commencement address have made me lose weight. A win-win situation! Now all I have to do is take deep breaths, squint at the red banners and convince myself that I am at the world's largest Gryffindor reunion.

파우스트 총장님, 하버드 법인과 이사회 구성원, 교수진, 자랑스러운 학부모님,

그리고 무엇보다 졸업생 여러분.

제가 가장 먼저 하고 싶은 말은 '감사합니다'입니다. 하버드는 저에게 특별한 영광을 안겨주었고, 이 졸업식 연설을 준비하는 동안 겪은 몇 주간의 두려움과 메스꺼움 덕분에 체중이 줄어드는 효과도 있었답니다. 윈-윈이죠! 이제 제가 해야 할 일은 깊게 심호흡을 하고, 눈을 가늘게 뜨고 빨간 배너를 바라보며 세계 최대 규모의 그리핀도르 동창회에 참석하고 있다는 사실을 확신하는 것입니다.

<자료 출처>
https://www.ted.com/talks/jk_rowling_the_fringe_benefits_of_failure?utm_campaign=tedspread&utm_medium=referral&utm_source=tedcomshare

3.1. '실패'에 대한 정의 Definition of Failure

'실패'란 무엇인지 정의해보겠습니다. '실패'는 목표나 기대했던 결과에 도달하지 못하는 상태를 의미합니다. 이는 개인이나 조직이 설정한 목표를 이루지 못하거나 계획한 대로 진행되지 않았을 때 경험하는 상황으로, 때때로 배움의 기회로 작용하기도 합니다. 실패는 성장과 발전의 중요한 요소로 간주 될 수 있습니다. 여러분은 실패를 경험해본 적이 있나요? 그 실패를 통해 어떤 교훈을 얻었나요? 또한, 성공과 실패의 차이는 무엇이라고 생각하시나요? 이러한 질문들을 한 번 깊이 생각해보시기 바랍니다. 이제 '실패'에 관한 위인들의 명언을 함께 살펴보겠습니다.

3.2. '실패'에 관한 명언들 Quotes about Failure

1) "Success consists of going from failure to failure without loss of enthusiasm." - Winston Churchill

"성공은 열정을 잃지 않고 실패를 극복해나가는 과정입니다." - 윈스턴 처칠

<출처> https://www.brainyquote.com/quotes/winston_churchill_131188

2) “I think it’s important to have a good hard failure when you’re young. I learned a lot out of that.” - Walt Disney

“젊은 시절에 힘든 실패를 경험하는 것은 매우 중요합니다. 그 경험을 통해 많은 것을 배우고 성장할 수 있기 때문입니다.” - 월트 디즈니

<출처> https://www.goodreads.com/quotes/522869-i-think-it-s-important-to-have-a-good-hard-failure

3) “I have not failed. I’ve just found 10,000 ways that won’t work.” - Thomas Edison

“저는 실패한 것이 아닙니다. 단지 효과가 없는 10,000가지 방법을 발견했을 뿐 입니다.” - 토마스 에디슨

<출처> https://due.com/blog/thomas-edison-10000-ways-that-wont-work

3.3. ‘실패’에 관한 연설 Speeches about Failure

Oprah Winfrey Harvard Commencement speech | Harvard Commencement 2013

https://youtu.be/GMWFieBGR7c

“Learn from every mistake, because every experience, particularly your mistakes are there to teach you and force you into being more than who you are.”

“모든 실수에서 배우세요. 왜냐하면 모든 경험, 특히 실수는 여러분을 성장시켜 진정한 자신으로 나아가게 하는 소중한 교훈이기 때문입니다.”

Oprah Winfrey도 그녀의 2013년 하버드대학교 졸업식 연설에서 ‘실패’에 관한 중요한 메시지를 전달했습니다. 그녀는 실패가 단순히 끝이 아니라 성장과 배움의 기회라는 점을 강조하며, 자신의 경험을 통해 실패가 어떻게 더 나은 자신으로 이끌었는지를 이야기했습니다. Oprah는 실패를 두려워하지 말고, 그것을 통해 자신을 발견하고 강해지는 과정이 중요하다고 말했습니다.

Winston Churchill - Life Changing Quotes

https://youtu.be/uuxMZL6ieWM

"Success is not final, failure is not fatal, it is the courage to continue that counts."

"성공은 영원하지 않으며, 실패는 치명적이지 않습니다. 중요한 것은 계속해서 나아갈 수 있는 용기입니다."

> 제2차 세계대전 당시 영국의 수상을 지낸 처칠의 이 인용문은 성공과 실패를 바라보는 균형 잡힌 시각을 제시합니다. 성공이 영원히 지속되지 않음을 강조하며, 실패가 끝이 아니라는 점을 상기시킵니다. 가장 중요한 것은 이러한 경험을 통해 계속해서 앞으로 나아갈 수 있는 용기를 갖는 것이라는 메시지를 전달합니다. 이는 도전과 역경 속에서도 포기하지 않고 성장해 나가야 한다는 의미로 해석될 수 있습니다.

FAILURE Is Part Of SUCCESS - Ultimate Motivational Speech Ever (very powerful!)

https://youtu.be/H02npY2Rlo0

"Failure is not the end of your story. It is the start of your comeback story."

"실패는 당신 이야기의 끝이 아닙니다. 오히려 그것은 당신의 재기 이야기의 시작에 불과합니다."

> 이 인용문은 실패가 단순한 끝이 아니라 새로운 시작이라는 메시지를 전달합니다. 실패를 경험하는 것은 누구에게나 일어날 수 있지만, 그 실패를 통해 배우고 다시 일어서는 것이 중요하다는 점을 강조합니다. 즉, 실패는 성장과 재기의 기회로 삼을 수 있으며, 이를 통해 더 강해지고 발전할 수 있다는 희망적인 메시지를 담고 있습니다.

위의 '실패'에 관한 메시지들의 공통점은 실패가 단순히 부정적인 결과가 아니라, 성장과 배움의 기회로 작용한다는 것입니다. 실패를 통해 우리는 더 나은 자신으로 발전할 수 있으며, 중요한 것은 그 실패를 어떻게 받아들이고 극복하는지에 대한 용기와 태도라는 점을 강조하고 있습니다. 이 모든 메시지는 실패를 두려워하지 않고, 이를 통해 재기하고 성장하는 과정의 중요성을 일깨워 줍니다.

3.4. '실패'와 관련된 단어들

이제 '실패'와 관련된 다양한 영어 단어들을 예문과 함께 살펴보겠습니다.

failure 실패	He ascribed his failure to bad luck. 그는 실패를 불운 탓으로 돌렸습니다.
bankruptcy 파산	The company filed for bankruptcy in 2003. 그 회사는 2003년에 파산 신청을 했습니다.
breakdown 고장; 실패; 와해	She's still recovering from her breakdown. 그녀는 신경쇠약에서 아직도 회복 중입니다.
collapse 붕괴; 결렬; 와해	The peace talks were on the verge of collapse. 평화 회담이 결렬될 위기에 놓여 있었습니다.
defeat 패배	They had been badly bruised by the defeat. 그들은 패배로 인해 심하게 타격을 입었습니다.
deterioration 악화; (가치의) 하락; 저하; 퇴보	Inadequate technical expertise leads to deterioration in product quality. 부족한 기술 전문성은 제품 품질 저하로 이어집니다.

연습문제

1 J.K. Rowling에 대한 설명 중 관련이 없는 것을 고르세요.

① Her real name is Joanne Rowling.

② She is a British author, philanthropist, film producer, television producer, and screenwriter.

③ She is best known for writing the Harry Potter fantasy series.

④ She also writes historical novels under the pen name Robert Galbraith.

정답 ④
해설 She also writes crime fiction under the pen name Robert Galbraith.

2 다음 중 J.K. Rowling의 연설문 내용이 아닌 것을 고르세요.

① "Success is not final, failure is not fatal, it is the courage to continue that counts."

② "Failure meant a stripping away of the inessential."

③ "Failure gave me an inner security that I had never attained by passing examinations."

④ "You will never truly know yourself, or the strength of your relationships, until both have been tested by adversity."

정답 ①
해설 This is a quote from Winston Churchill's speech.

3 다음 중 J.K. Rowling의 작품이 아닌 것을 고르세요.

① Harry Potter and the Philosopher's Stone

② Harry Potter and the Goblet of Fire

③ Harry Potter and the Lord of the Rings

④ Harry Potter and the Order of the Phoenix

정답 ③
해설 The Lord of the Rings(반지의 제왕)은 J.R.R. Tolkien 작품입니다.

키워드

1. J.K. Rowling
2. *2008 Harvard commencement speech*
3. The fringe benefits of failure
4. Harry Potter Series

02

[Speech] Steve Jobs, You've got to find what you love

[연설문] 스티브 잡스, 자신이 좋아하는 것을 찾아야 합니다

이 장에서는 Steve Jobs의 스탠퍼드 대학 졸업 연설 원문을 읽으며,
그의 경험과 인생의 교훈을 통해 전하는 메시지인
"내가 정말 하고 싶은 것이 무엇인지"에 대해
깊이 생각해보는 시간을 가져봅니다.

연설문에서 사용된 다양한 영어 단어와 표현법은
그의 생각을 더욱 생동감 있게 전달하는 데 큰 도움이 될 것입니다.
특히 "connecting the dots"라는 표현은 우리의 과거 경험들이
어떻게 현재와 미래에 연결되는지를 깊이 성찰하게 만듭니다.

이러한 내용을 바탕으로, '나' 자신이 진정으로 원하는 것이
무엇인지에 대해 진지하게 고민해봅시다.

성공과 실패, 그리고 그 과정에서의 배움이 '나'의 삶의 방향을
결정짓는 중요한 요소임을 깨닫는 기회가 되길 바랍니다.

Steve Jobs의 You've got to find what you love: 자신이 좋아하는 것을 찾아야 합니다

스티브 잡스는 2005년 스탠퍼드 대학졸업식에서 자신의 인생 이야기를 세 가지 주제로 요약해 졸업생들에게 전했습니다.

잡스의 "You've got to find what you love"라는 제목의 연설문은 우리 삶에서 진정한 열정을 찾는 것의 중요성을 강조합니다. 그는 자신의 경험을 바탕으로, 좋아하는 일을 찾는 것이 성공적이고 의미 있는 삶을 사는 데 필수적임을 설파했습니다.

잡스는 우리가 인생의 다양한 선택지와 경로 속에서 자신의 열정을 발견하는 과정이 얼마나 중요한지를 강조합니다. 그는 애플을 창립한 후, 예기치 않게 회사를 떠나게 된 경험과 이후 Pixar를 통해 애니메이션 산업에 혁신을 가져온 과정을 통해, 진정으로 사랑하는 일을 할 때 비로소 진정한 만족과 성취를 느낄 수 있다는 메시지를 전달합니다.

그의 이야기는 단순히 직업 선택에 국한되지 않고, 인생의 모든 측면에 적용될 수 있습니다. 우리가 진정으로 사랑하는 일을 찾는 것은 우리가 매일 마주하는 도전과 어려움을 극복하는 데 큰 힘이 됩니다. 사랑하는 일을 하면서 우리는 더 많은 에너지를 발휘하고, 창의성을 극대화할 수 있습니다.

결국, 스티브 잡스의 메시지는 우리가 인생에서 무엇을 선택하든, 그 선택이 우리의 열정과 일치해야 한다는 것입니다. 그렇게 함으로써 우리는 더 행복하고 의미 있는 삶을 살아갈 수 있습니다. 사랑하는 일을 찾는 여정은 쉽지 않을 수 있지만, 그 과정에서 우리는 자기 자신을 발견하고, 한층 더 성장하는 소중한 기회를 얻게 됩니다.

여러분은 어떤 일에 진정한 열정을 느끼고 있나요? 그 열정을 찾기 위해 어떤 노력을 기울이고 있나요?

1.

개요

1.1. 스티브 잡스(Steve Jobs)

스티븐 폴 잡스(Steven Paul Jobs, 1955-2011)는 미국의 비즈니스 거물이자 산업 디자이너, 투자자, 미디어 소유주로 알려져 있습니다. 그는 Apple Inc.의 회장이자 최고 경영자(CEO)로서 공동 창립자였습니다. 또한 Pixar의 회장이자 대주주였으며, 월트 디즈니 컴퍼니가 Pixar를 인수한 후 이사회 구성원으로 활동했습니다. 더불어 NeXT의 창립자이자 회장, CEO로서도 중요한 역할을 했습니다. 잡스는 그의 초기 비즈니스 파트너이자 동료인 스티브 워즈니악(Steve Wozniak)과 함께 1970년대와 1980년대의 개인용 컴퓨터 혁명의 선구자로 널리 알려져 있습니다.

잡스는 캘리포니아주 샌프란시스코에서 태어나 입양되었으며, 샌프란시스코만 지역에서 성장했습니다. 그는 1972년 리드 대학에 입학했지만, 같은 해에 중퇴했습니다. 이후 1974년에는 인도를 여행하며 깨달음을 얻고 선불교를 공부했습니다.

1.2. Apple Inc. 애플주식회사

애플사는 가전제품, 컴퓨터 소프트웨어, 온라인 서비스를 전문으로 하는 미국의 글로벌 기술 회사입니다. 2010년 6월 애플의 스티브 잡스가 발표한 아이폰4(iPhone4)는 레티나 디스플레이와 슬림한 디자인, 향상된 카메라 기능을 갖춘 스마트폰으로, FaceTime 영상 통화 기능을 처음 도입한 모델입니다.

2.

Steve Jobs' 2005 Stanford University Commencement Address
- 영문 텍스트 듣고, 읽고, 이해하기

아래 유튜브 링크를 클릭하여 연설을 들으며 아는 단어나 표현을 받아 적어보세요. 그런 다음, 연설문의 내용을 이해하며 큰 소리로 함께 읽어봅시다.

2.1. Steve Jobs, My second story is about love and loss

Steve Jobs' 2005 Stanford University Commencement Address (with intro by President John Hennessy)
May 15, 2008

<영상 출처>
https://youtu.be/Hd_ptbiPoXM?si=zusXRVdxKYcpSUtA
[00:20-07:30] A warm welcome from President John Hanesey, along with an introduction to Steve Jobs
[07:30-08:13] Steve Jobs sends his greetings.
[08:14-12:52] My first story is about connecting the dots.
[12:57-16:15] My second story is about love and loss.
[16:23-21:54] My second story is about death.

스티브 잡스의 연설문 중 두 번째 이야기의 내용을 이해하며 전달하는 메시지 파악하기

My second story is about love and loss.
두 번째 이야기는 사랑과 상실에 관한 것입니다.

I was lucky - I found what I loved to do early in life. Woz

and I started Apple in my parents' garage when I was 20. We worked hard, and in 10 years Apple had grown from just the two of us in a garage into a $2 billion company with over 4,000 employees.

저는 인생의 초기 시절에 하고 싶은 일을 발견하는 행운을 누렸습니다. 스티브 워즈니악과 함께 제 부모님의 차고에서 애플을 시작했을 때, 저는 스무 살이었습니다. 우리는 열심히 일했고, 10년 후 애플은 20억 달러에 4,000명의 직원을 가진 기업으로 성장했습니다.

We had just released our finest creation - the Macintosh - a year earlier, and I had just turned 30. And then I got fired. How can you get fired from a company you started? Well, as Apple grew we hired someone who I thought was very talented to run the company with me, and for the first year or so things went well. But then our visions of the future began to diverge and eventually we had a falling out. When we did, our Board of Directors sided with him. So at 30 I was out. And very publicly out. What had been the focus of my entire adult life was gone, and it was devastating.

우리는 1년 전, 즉 10년의 결실을 기준으로 9년째 즈음에 최고의 제품인 맥킨토시를 출시했을 때, 저는 이제 막 서른 살이었습니다. 그런데 저는 해고당했습니다. 자신이 만든 회사에서 해고당하는 일이 어떻게 가능할까요? 애플이 성장함에 따라, 저와 함께 회사를 이끌어갈 재능 있는 사람을 고용했는데, 첫 1년 동안은 모든 것이 순조로웠습니다. 그러나 이후 우리의 비전이 갈라지기 시작했고, 결국 서로 다른 길을 걷게 되었습니다. 그때 이사회는 그의 편을 들었고, 서른 살에 저는 공개적으로 쫓겨났습니다. 제 성인 생활의 전부였던 것이 사라진 순간이었고, 이는 정말 참담한 경험이었습니다.

I really didn't know what to do for a few months. I felt that I had let the previous generation of entrepreneurs down - that I had dropped the baton as it was being passed to me. I met with David Packard and Bob Noyce and tried to apologize for screwing up so badly. I was a very public failure, and I even thought about running away from the valley. But something slowly began to dawn on me - I still loved what I did. The turn of events at Apple had not changed that one bit. I had been rejected, but I was still in love. And so I decided to start over.

몇 달 동안 정말 어찌할 바를 모르고 있었습니다. 저는 선배 기업가들을 실망시켰다는 생각에 괴로웠습니다. 마치 계주에서 앞서 달리고 있던 주자가 제 손에 쥐여 준 바통을 놓친 것과 같았습니다. 그래서 데이비드 팩커드와 밥 노이스를 만나, 제가 일을 망쳐버린 것에 대해 사과했습니다. 공공연한 실패자가 된 저는 심지어 실리콘 밸리를 떠나고 싶다는 생각도 했습니다. 하지만 그때, 제 머릿속에 떠오른 것이 있었습니다. 제가 여전히 제가 하던 일을 사랑하고 있다는 사실이었습니다. 애플에서의 어떤 사건도 그 사랑에는 영향을 미치지 못했습니다. 비록 해고되었지만, 저는 여전히 그 일에 사랑에 빠져 있었던 것입니다. 그래서 저는 다시 시작해보기로 결심했습니다.

I didn't see it then, but it turned out that getting fired from Apple was the best thing that could have ever happened to me. The heaviness of being successful was replaced by the lightness of being a beginner again, less sure about everything. It freed me to enter one of the most creative periods of my life.

그 당시에는 몰랐지만, 나중에 되돌아보니 애플에서 해고된 것은 제 인생에서 가장 훌륭한 사건이었습니다. 모든 것이 불확실한 초심자의 마음으로 돌아가면서, 성공에 대한 부담감은 후련함으로 바뀌었습니다. 그로 인해 얻은 자유 속에서 저는 인생에서 가장 창의적인 시기를 맞이하게 되었습니다.

During the next five years, I started a company named NeXT, another company named Pixar, and fell in love with an amazing woman who would become my wife. Pixar went on to create the world's first computer animated feature film, Toy Story, and is now the most successful animation studio in the world. In a remarkable turn of events, Apple bought NeXT, I returned to Apple, and the technology we developed at NeXT is at the heart of Apple's current renaissance. And Laurene and I have a wonderful family together.

그 후 5년 동안, 저는 넥스트와 픽사라는 회사를 설립했고, 동시에 제 아내가 될 멋진 여성과 사랑에 빠졌습니다. 픽사는 세계 최초의 컴퓨터 애니메이션 장편 영화인 「토이 스토리」를 제작하며, 현재 세계에서 가장 성공한 애니메이션 제작사로 자리매김했습니다. 상황은 놀랍도록 급변하여, 결국 애플이 넥스트를 인수하게 되었고, 저는 애플로 복귀하게 되었습니다. 우리가 넥스트에서 개발한 기술은 현재 애플의 핵심 역할을 하고 있으며, 저는 로렌과 함께 행복한 가정을 꾸리게 되었습니다.

I'm pretty sure none of this would have happened if I hadn't been fired from Apple. It was awful tasting medicine, but I guess the patient needed it. Sometimes life hits you in the head with a brick. Don't lose faith. I'm convinced that the only thing that kept me going was that I loved what I did. You've got to find what you love. And that is as true for your work as it is for your lovers.

제가 분명히 단언할 수 있는 것은 만약 제가 애플에서 해고되지 않았다면 이러한 일들이 결코 일어나지 않았을 것이라는 점입니다. 해고의 경험은 지독하게 쓴 약과 같았지만, 환자에게는 반드시 필요한 약이었나 봅니다. 인생은 때때로 여러분을 고통스럽게 만들지만, 믿음을 잃지 마십시오. 제가 하는 일을 진정으로 사랑한다는 사실이 저를 계속 지탱해준 유일한 힘이라고 확신합니다. 여러분도 자신이 사랑하는 것을 찾아야 합니다. 그것은 사랑하는 사람을 찾는 것과 마찬가지로, 일에서도 마찬가지입니다.

Your work is going to fill a large part of your life, and the only way to be truly satisfied is to do what you believe is great work. And the only way to do great work is to love what you do. If you haven't found it yet, keep looking. Don't settle. As with all matters of the heart, you'll know when you find it. And, like any great relationship, it just gets better and better as the years roll on. So keep looking until you find it. Don't settle.

여러분의 일은 인생의 많은 부분을 채우고, 진정한 만족을 느끼는 유일한 방법은 여러분이 위대한 일이라 믿는 일을 하는 것입니다. 훌륭한 일을 하는 유일한 방법은 바로 여러분이 하는 일을 사랑하는 것입니다. 만약 아직 그것을 찾지 못했다면, 계속해서 찾으세요. 절대로 안주하지 마십시오. 마음의 모든 문제처럼, 진정한 열정을 발견할 때 그 사실을 알게 될 것입니다. 언젠가 그것을 발견하면, 마음 깊이에서 그 진리를 느낄 수 있습니다. 그리고 좋은 관계들처럼, 시간이 지남에 따라 더욱 깊어질 것입니다. 그러니 그 열정을 찾을 때까지 계속 노력하세요. 절대 포기하지 마세요!

Transcript of Steve Jobs' address:

<출처> https://news.stanford.edu/news/2005/june15/jobs-061505.html

3.

You've got to find what you love가 우리에게 말해주는 것

2005년 스탠퍼드 대학졸업식에서 스티브 잡스는 자신의 인생 이야기를 세 가지 주제로 요약해 졸업생들에게 전했습니다. 아래 인용문을 함께 읽어봅시다.

2005 Stanford Commencement Address
'You've got to find what you love' by Steve Jobs
June 14, 2005
Stanford University

"I am honored to be with you today at your commencement from one of the finest universities in the world. I never graduated from college. Truth be told, this is the closest I've ever gotten to a college graduation. Today I want to tell you three stories from my life. That's it. No big deal. Just three stories."

"오늘, 여러분과 함께 세계에서 가장 뛰어난 대학 중 하나의 졸업식에 참석하게 되어 정말 영광입니다. 사실, 저는 대학을 졸업한 적이 없습니다. 솔직히 말씀드리자면, 이번이 제가 대학졸업식에 가장 가까이 다가간 순간이기도 합니다. 오늘은 여러분과 제 인생 이야기를 세 가지 주제로 나누고자 합니다. 특별할 건 없지만, 진솔한 세 가지 이야기입니다."

"The first story is about connecting the dots."
"My second story is about love and loss."
"My third story is about death."

"첫 번째 이야기는 점(點)들을 연결하는 것에 관한 이야기입니다."

"두 번째 이야기는 사랑과 상실에 대한 것입니다."
"세 번째 이야기는 죽음에 관한 이야기입니다."

Transcript of Steve Jobs' address:
<출처> https://news.stanford.edu/news/2005/june15/jobs-061505.html

3.1. '창의성'에 관한 연설 Speeches about Creativity

Steve Jobs introduces iPhone in 2007

<출처> https://youtu.be/MnrJzXM7a6o?si=nBIWcf733PYiXJlZ

"The revolutionary product - iPhone (a three-in-one product)"

"혁신적인 제품 - iPhone (3-in-1 제품)"

스티브 잡스가 2007년에 아이폰을 소개한 연설의 핵심 내용을 요약하면, 스티브 잡스는 아이폰을 혁신적인 스마트폰으로 소개하며, 전화, 인터넷 통신, 그리고 음악 재생 기능을 통합한 장치임을 강조했습니다. 그는 사용자 친화적인 터치스크린 인터페이스와 앱 생태계의 중요성을 설명하며, 아이폰이 모바일 기술의 미래를 어떻게 변화시킬 것인지에 대해 비전을 공유했습니다.

Jeff Bezos In 1999 On Amazon's Plans Before The Dotcom Crash

<출처> https://youtu.be/GltlJO56S1g?si=74aXuGIsOMbedqQN

"Best customer service"

"최고의 고객 서비스"

1999년, 제프 베조스는 아마존의 미래 계획에 대해 다음과 같이 언급했습니다. 그는 아마존의 비즈니스 모델과 고객 서비스에 대한 강한 의지를 강조하며, "최고의 고객 서비스"를 제공하는 것이 아마존의 핵심 가치라고 밝혔습니다. 이를 통해 고객의 신뢰를 얻고 장기적인 성공을 이루겠다는 비전을 제시했습니다.

> 당시 닷컴 버블이 한창이었고, 불확실한 경제 상황 속에서 아마존의 전략 실행에 대한 우려도 존재했지만, 결국 닷컴 붕괴 이후에도 아마존은 지속적인 혁신과 고객 중심의 접근으로 성공적으로 성장하게 됩니다.

The future we're building - and boring | Elon Musk

<출처> https://youtu.be/zIwLWfaAg-8?si=32bzmHHRUwqordNE

"Tesla, SpaceX, and a Future on Mars"
"테슬라, 스페이스X, 그리고 화성에서의 미래"

> 일론 머스크는 "우리가 만들고 있는 미래"에 대해 이야기하며, 테슬라와 스페이스X를 통해 지속 가능한 에너지와 우주 탐사의 중요성을 강조했습니다. 그는 지구에서의 삶을 개선하고, 인류가 다른 행성, 특히 화성에 정착할 수 있는 가능성을 제시했습니다. 머스크는 기술 혁신이 인류의 미래에 긍정적인 영향을 미칠 것이라고 믿으며, 이를 위해 사업을 통해 실질적인 변화를 이끌어내고자 했습니다. 그의 비전은 도전적이지만, 인류의 생존과 발전을 위한 필수적인 목표로 여겨집니다.

스티브 잡스, 제프 베이조스, 일론 머스크는 혁신적인 아이디어와 기술을 통해 각자의 산업을 혁신한 비전가들입니다. 이들은 고객 중심의 접근을 강조하며, 실패를 두려워하지 않고 끊임없이 도전하는 정신을 지니고 있습니다. 또한, 지속 가능한 미래와 인류의 발전을 위한 목표를 세우고, 세계에 긍정적인 영향을 미치기 위해 헌신하고 있습니다. 이들의 여정을 통해 우리는 창의성이 얼마나 중요한지를 다시금 깨닫게 됩니다. '창의성'은 단순한 아이디어의 발산을 넘어, 세상을 변화시키고 새로운 가능성을 열어주는 원동력임을 보여줍니다.

3.2. '창의성'에 관한 명언들 Quotes about Creativity

1) "Creativity requires the courage to let go of certainty."

- Erich Fromm

"창의력을 발휘하려면 확실성을 버릴 수 있는 용기가 필요합니다." - 에릭 프롬

<출처> https://www.vye.agency/blog/10-quotes-on-creativity-and-inspiration-to-motivate-your-team

2) "You can't use up creativity. The more you use, the more you have." - Maya Angelou

"창의성은 고갈되지 않습니다. 오히려 더욱 많이 사용할수록 더 풍부해지고, 더 많이 얻게 됩니다." - 마야 안젤루

<출처> https://www.vye.agency/blog/10-quotes-on-creativity-and-inspiration-to-motivate-your-team

3) "Creativity is contagious - pass it on." - Albert Einstein

"창의성은 전염성이 있습니다 - 전수하세요." - 알버트 아인슈타인

<출처> https://www.vye.agency/blog/10-quotes-on-creativity-and-inspiration-to-motivate-your-team

4) "Everything you can imagine is real." - Pablo Picasso

"상상할 수 있는 모든 것이 현실이 됩니다." - 파블로 피카소

<출처> https://www.wework.com/ideas/professional-development/creativity-culture/creativity-quotes

5) "If you want creative workers, give them enough time to play." - John Cleese

"창의적인 직원을 원한다면 그들에게 충분한 시간을 주세요." - 존 클리즈

<출처> https://www.wework.com/ideas/professional-development/creativity-culture/creativity-quotes

6) "Creativity is just connecting things. When you ask creative people how they did something, they feel a little guilty because they didn't really do it, they just saw something. It seemed obvious to them after a while." - Steve Jobs

> "창의성은 단순히 사물을 연결하는 것입니다. 창의적인 사람들에게 어떻게 그런 일을 해냈는지 물어보면, 그들은 조금 죄책감을 느낍니다. 왜냐하면 그들은 실제로 그것을 해낸 것이 아니라, 단지 뭔가를 보았기 때문입니다. 시간이 지나면서 그들에게는 그것이 당연하게 느껴졌습니다." - 스티브 잡스

스티브 잡스의 이 말은, 창의성이 복잡한 과정이 아니라, 이미 존재하는 아이디어나 요소들을 연결하고 조합하는 것임을 강조합니다. 창의적인 사람들은 종종 그들이 한 일이 특별하다고 느끼기보다는, 단순히 관찰하고 이해한 결과로 창의적인 아이디어가 나왔다고 생각합니다. 결국, 창의성은 새로운 관점을 통해 기존의 것들을 바라보는 능력에서 비롯된다는 의미를 담고 있습니다.

<출처> https://www.wework.com/ideas/professional-development/creativity-culture/creativity-quotes

3.3. '창의성'이란 무엇인가요 Definition of Creativity

'창의성'이란 새로운 아이디어, 개념, 또는 해결책을 만들어내는 능력입니다. 이는 기존의 것들을 연결하거나 새로운 시각으로 바라보는 과정에서 나온다고 할 수 있어요. 창의성은 문제 해결, 예술, 과학 등 다양한 분야에서 중요한 역할을 하며, 사람의 독창성과 상상력을 표현하는 수단이기도 합니다.
이제 '창의성'과 관련된 다양한 영어 단어들을 예문과 함께 살펴보겠습니다.

creativity 독창력; 창의성; 창조성	His illness had not stunted his creativity. 그의 병은 그의 창의력을 저해하지 않았습니다. 〈stunt: (식물 · 지능 등의) 발육을 방해하다; (증가 · 진보를) 저해하다〉

imagination 상상력; 상상; 창의력	His writing lacks imagination. 그의 글은 상상력이 부족합니다.
innovation 혁신; 쇄신; 획기적인 것 (사상·방법 등)	Capitalism stresses innovation, competition and individualism. 자본주의는 혁신, 경쟁, 그리고 개인주의를 강조합니다.
inspiration (특히 예술적 창조를 가능하게 하는) 영감; 영감을 주는 사람/것	It came to me in a flash of inspiration. 순간적으로 영감이 떠올랐습니다.
inventiveness 발명; 창의력이 풍부함; 독창적임	We know your inventiveness and your resolve. 우리는 당신의 창의력과 결단력을 알고 있습니다. 〈resolve : (단호한) 결심/의지 (=resolution)〉
originality 독창성	Creativity and originality are more important than technical skill. 창의성과 독창성은 기술력보다 더 중요합니다.

>> 정리하기

연습문제

1 Steve Jobs에 대한 설명 중 관련이 없는 것을 고르세요.

① He was an American business magnate.

② He was a philanthropist.

③ He was an industrial designer.

④ He was an investor and media proprietor.

정답 ②

해설 그는 자선가는 아니었습니다.

2 다음 중 Steve Jobs의 스탠퍼드 대학 졸업 연설문 내용이 아닌 것을 고르세요.

① "I found what I loved to do early in life."

② "How can you get fired from a company you started?"

③ "The only way to be truly satisfied is to do what you believe is great work."

④ "It was our revolutionary product, a three-in-one product."

정답 ④

해설 ④는 Steve Jobs가 2007년 Apple의 야심작이었던 iPhone을 출시할 때 발표했던 내용입니다.

3 다음 중 Steve Jobs가 관여했던 곳이 아닌 것을 고르세요.

① Apple Inc.

② Pixar

③ SpaceX

④ NeXT

정답 ③

해설 SpaceX는 Elon Musk에 의해 설립된 미국 항공우주 장비 제조 및 우주 수송 회사입니다.

키워드

1. Steve Jobs
2. 2005 Stanford Commencement Address
3. You've got to find what you love
4. Creativity

03

[Speech] Greta Thunberg, The disarming case to act right now on climate change

[연설문] 그레타 툰베리, 기후 변화에 즉각적으로 행동해야 하는 이유

이 장에서는 Greta Thunberg의 TED 연설 원문을 통해,
핵심 영어 단어와 표현을 배우고,
'기후 위기'의 본질과 긴급성을 깊이 파악합니다.

기후 변화가 환경에 미치는 영향을 살펴본 후,
'기후 위기'를 극복하기 위한 '나'의 견해와 입장을 제시하며,
우리가 직면한 이 중대한 문제에 대해
함께 심도 있는 논의를 나누고자 합니다.

Greta Thunberg – The disarming case to act right now on climate change

그레타 툰베리 – 기후 변화에 즉각적으로 행동해야 하는 이유

그레타 툰베리(Greta Thunberg)는 스웨덴의 기후 운동가로, 기후 변화에 즉각적인 행동이 필요하다는 강력한 메시지를 전하고 있습니다. 그녀의 활동은 전 세계적으로 많은 이들에게 영감을 주며, 기후 위기에 대한 경각심을 높이고 있습니다.

Greta Thunberg의 “The Disarming Case to Act Right Now on Climate Change”라는 제목의 연설문은 현재 우리가 직면한 기후 위기의 심각성을 강력하게 전달하는 메시지를 담고 있습니다. Thunberg는 기후 변화가 단순한 환경 문제를 넘어 인류의 생존과 미래에 영향을 미치는 중대한 사안임을 강조합니다.

연설의 시작에서 Thunberg는 청중에게 감정적으로 접근하며, 기후 위기가 젊은 세대에게 미치는 영향을 이야기합니다. 그녀는 우리의 현재 결정이 미래 세대의 운명을 좌우할 것임을 강력히 경고하며, 이에 대한 즉각적인 행동을 촉구합니다. 이러한 접근법은 청중의 공감을 끌어내며, 기후 변화의 긴급성을 즉각적으로 느끼게 합니다.

Thunberg는 과학적 데이터와 연구 결과를 바탕으로 기후 변화의 현실을 명확히 제시합니다. 그녀는 온실가스 배출 증가, 해수면 상승, 극단적인 기후 현상 등을 언급하며, 이러한 변화가 이미 우리 주변에서 일어나고 있음을 보여줍니다. 이와 함께, 기후 변화에 대한 무관심과 방관은 더는 용납될 수 없다는 점을 강조합니다.

또한, Thunberg는 기후 행동의 필요성을 단순한 선택이 아닌 도덕적 의무로 제시합니다. 그녀는 "우리는 지구를 구할 책임이 있다"는 메시지를 통해 개인과 정부, 기업 모두가 기후 위기에 대응해야 할 책임이 있음을 일깨웁니다. 이러한 강력한 주장은 청중을 행동으로 끌어내는 데 큰 영향을 미칩니다.

마지막으로, Thunberg는 우리가 지금 바로 행동을 취해야 한다고 역설하며 연설을 마무리합니다. 그녀의 연설은 단순한 경고가 아니라, 희망의 메시지를 담고 있습니다. 기후 변화에 대한 해결책은 존재하며, 우리가 함께 노력한다면 더 나은 미래를 만들어갈 수 있다는 희망을 주는 것입니다.

결론적으로, Greta Thunberg의 연설은 기후 위기의 심각성을 일깨우고, 즉각적인 행동의 필요성을 강력하게 전달하는 중요한 메시지입니다. 그녀의 목소리는 젊은 세대의 대변자로서, 우리가 직면한 도전에 대한 경각심을 불러일으키며, 모든 이가 기후 행동에 나설 것을 촉구합니다.

<출처>

https://www.ted.com/talks/greta_thunberg_the_disarming_case_to_act_right_now_on_climate_change?utm_campaign=tedspread&utm_medium=referral&utm_source=tedcomshare

<텍스트 출처> https://www.ted.com/speakers/greta_thunberg〉

1.

개요

1.1. 그레타 툰베리(Greta Thunberg)

그레타 툰베리는 스웨덴의 환경 운동가로, 세계 지도자들에게 기후 변화 완화를 위한 즉각적인 조치를 취하도록 촉구하는 것으로 국제적인 명성을 얻고 있습니다. 그녀는 어린 나이와 솔직한 발언으로 대중과 정치 지도자들의 이목을 끌었으며, 기후 위기를 해결하기 위한 충분한 행동을 취하지 않는 세계 지도자들을 강력히 비판해왔습니다. 툰베리는 자신의 목소리를 통해 기후 변화의 심각성을 알리고, 즉각적인 행동의 필요성을 강조하고 있습니다.

Greta Thunberg is a Swedish environmental activist who is internationally known for challenging world leaders to take immediate action for climate change mitigation. Thunberg initially gained notice for her youth and her straightforward speaking manner, both in public and to political leaders and assemblies, in which she criticises world leaders for their failure to take what she considers sufficient action to address the climate crisis.

단어설명

- Greta Thunberg: 스웨덴어: ['grê:ta 'tʉ:nbærj]

<출처> https://en.wikipedia.org/wiki/Greta_Thunberg

1.2. Climate crisis 기후 위기

[House Select Committee on the Climate Crisis] Logo of the U.S. House Select Committee on the Climate Crisis (formation authorized January 9, 2019)
미국 하원 기후 위기 특별위원회 로고 (2019년 1월 9일 승인)

'에너지 자립과 지구 온난화'에 관한 특별위원회라고 불렸던 원래의 하원 기후 위원회(2007년 구성됨)는 2011년 공화당이 하원을 다시 장악하면서 폐지되었습니다. 기후 위기는 지구 온난화와 기후 변화, 그리고 그로 인한 결과를 설명하는 용어입니다. 이 용어는 지구 온난화가 지구에 미치는 위협을 설명하고, 적극적인 기후 변화 완화를 촉구하는 데 사용되었습니다. 많은 과학자가 지구가 온난화되고 있으며, 대기 중 열을 가두는 화석 연료의 배출로 인해 '온실 효과'가 지속될 것이라는 사실에 동의하고 있습니다. 온실가스(GHG 또는 GhG)는 열 적외선 범위의 복사 에너지를 흡수하고 방출하여 온실 효과를 일으키는 가스입니다.

The original House climate committee (formed in 2007), called the Select Committee on Energy Independence and Global Warming, was abolished when Republicans regained control of the House in 2011. Climate crisis is a term describing global warming and climate change, and their consequences. The term has been used to describe the threat of global warming to the planet, and to urge aggressive climate change mitigation. Many scientists agree that the Earth is warming and will continue to do so due to the 'greenhouse effect,' which is caused by fossil fuel emissions trapping heat in the atmosphere. A greenhouse gas (GHG or GhG) is a gas that absorbs and emits radiant energy within the thermal infrared range, causing the greenhouse effect.

<출처> https://en.wikipedia.org/wiki/Climate_crisis

2.

Greta Thunberg, The Disarming Case to Act Right Now on Climate Change
- 영문 텍스트 듣고, 읽고, 이해하기

아래 유튜브 링크를 클릭하여 연설을 들으며 아는 단어나 표현을 받아 적어보세요. 그런 다음, 연설문의 내용을 이해하며 큰 소리로 함께 읽어봅시다.

Text of Greta Thunberg's speech
'The disarming case to act right now on climate change'
by Greta Thunberg Copyright TEDxStockholm
November 2018

<음원 출처>
https://www.ted.com/talks/greta_thunberg_the_disarming_case_to_act_right_now_on_climate_change?utm_campaign=tedspread&utm_medium=referral&utm_source=tedcomshare [5:20-10:50]

So, why are we not reducing our emissions? Why are they in fact still increasing? Are we knowingly causing a mass extinction? Are we evil? No, of course not. People keep doing what they do because the vast majority doesn't have a clue about the actual consequences of our everyday life, and they don't know that rapid change is required. We all think we know, and we all think everybody knows, but we don't. Because how could we? If there really was a crisis, and if this crisis was caused by our emissions, you would at least see some signs. Not just flooded cities, tens of thousands of dead people, and whole nations leveled to piles of torn down buildings.

그렇다면 우리는 왜 탄소 배출을 줄이지 않을까요? 실제로 배출량이 여전히 증가하는 이유는 무엇일까요? 우리는 정말 대멸종을 초래하고 있다는 사실을 인식하고 있을까요? 우리는 악한 존재인가요? 물론 아닙니다. 사람들은 그저 기존의 삶을 이어갈 뿐입니다. 대다수가 일상이 가져올 실질적인 결과에 대해 감을 잡지 못하고 있으며, 시급한 변화의 필요성을 깨닫지 못하고 있습니다. 우리는 모두 상황의 심각성을 알고 있다고 생각하지만, 사실은 그렇지 않습니다. 우리가 어떻게 해결할 수 있을까요? 만약 정말 위기가 존재하고 우리가 만든 탄소 배출 때문이라면, 적어도 몇 가지 징후를 인지했을 것입니다. 물에 잠긴 도시와 수만 명의 사망자, 그리고 무너진 건물들이 우리의 현실입니다.

You would see some restrictions. But no. And no one talks about it. There are no emergency meetings, no headlines, no breaking news. No one is acting as if we were in a crisis. Even most climate scientists or green politicians keep on flying around the world, eating meat and dairy. If I live to be 100, I will be alive in the year 2103. When you think about the future today, you don't think beyond the year 2050. By then, I will, in the best case, not even have lived half of my life.

몇 가지 제한이 있을 수 있지만, 전혀 이루어지지 않았습니다. 이 문제는 얘깃거리조차 되지 않습니다. 긴급회의나 헤드라인, 속보도 없습니다. 누구도 위기처럼 행동하지 않으며, 심지어 대부분의 기후 과학자와 녹색 정치인조차 여전히 비행기를 타고 다니고, 고기와 유제품을 섭취합니다. 만약 제가 100세까지 산다면, 2103년에도 살아있을 것입니다. 여러분이 오늘 미래를 고민할 때, 2050년 이후는 생각하지 않는 경향이 있습니다. 그 시점이면 저는 기껏해야 제 인생의 절반도 살지 못했을 것입니다.

What happens next? The year 2078, I will celebrate my 75th birthday. If I have children or grandchildren, maybe they will spend that day with me. Maybe they will ask me about you, the people who were around, back in 2018. Maybe they will ask why you didn't do anything while there still was time to act. What we do or don't do right now will affect my entire life and the lives of my children and grandchildren. What we do or don't do right now, me and my generation can't undo in the future.

그다음엔 무슨 일이 일어날까요? 2078년, 저는 75번째 생일을 축하할 것입니다. 그때 자녀나 손주가 있다면 함께 생일을 보낼지도 모르죠. 아마 그들은 저에게 과거 2018년에 살았던 사람들에 관해 물어볼 것입니다. 그 당시 왜 우리가 적절한 대응을 취할 시간이 있었음에도 아무것도 하지 않았냐고 묻겠죠. 현재 우리가 하는 행동이나 하지 않는 행동은 제 인생은 물론, 제 자녀와 손주들의 삶에도 영향을 미칠 것입니다. 현재 우리가 하는 행동이나 하지 않는 행동은 저와 제 세대가 미래에 되돌릴 수 없습니다.

So when school started in August of this year, I decided that this was enough. I set myself down on the ground outside the Swedish parliament. I school striked for the climate. Some people say that I should be in school instead. Some people say that I should study to become a climate scientist so that I can "solve the climate crisis." But the climate crisis has already been solved. We already have all the facts and solutions. All we have to do is to wake up and change. And why should I be studying for a future that soon will be no more when no one is doing anything whatsoever to save that future? And what is the point of learning facts in the school system when the most important facts given by the finest science of that same school system clearly means nothing to our politicians and our society. Some people say that Sweden is just a small country, and that it doesn't matter what we do, but I think that if a few children can get headlines all over the world just by not coming to school for a few weeks, imagine what we could all do together if you wanted to.

그래서 올해 8월에 학교가 시작되었을 때, 저는 이젠 충분하다고 결심했습니다. 저는 스웨덴 의회 앞에 앉았습니다. 기후를 위해 학교에 가지 않고 시위했습니다. 어떤 사람들은 제가 대신 학교에 있어야 한다고 말합니다. 어떤 사람들은 제가 기후 과학자가 되어 "기후 위기를 해결해야 한다"고 말합니다. 하지만 기후 위기는 이미 해결되었습니다. 우리는 이미 모든 사실과 해결책을 가지고 있습니다. 우리가 해야 할 일은 깨닫고 변하는 것입니다. 그리고 아무도 그 미래를 구하기 위해 아무것도 하지 않고 있을 때, 왜 제가 곧 사라질 미래를 위해 공부해야 할까요? 학교 시스템에서 과학적 지식을 배우는 것이 무슨 소용이 있나요? 학교 교육에서 제공하는 그 중요한 사실들이 우리 정치인들과 사회에 전혀 반영되지 않는 현실인데. 어떤 사람들은 스웨덴이 작은 나라에 불과해 우리의 행동이 큰 변화를 만들지 못할 거라고 말합니다. 그러나 저는 몇몇 아이들이 단 몇 주 동안 학교에 가지 않음으로써 전 세계적으로 헤드라인을 장식할 수 있다면, 만약 우리가 모두 함께 참여한다면 어떤 일을 할 수 있을지 상상해보세요.

(Applause) (박수갈채)

Now we're almost at the end of my talk, and this is where people usually start talking about hope, solar panels, wind power, circular economy, and so on, but I'm not going to do that. We've had 30 years of pep-talking and selling positive ideas. And I'm sorry, but it doesn't work. Because if it would have, the emissions would have gone down by now. They haven't. And yes, we do need hope, of course we do. But the one thing we need more than hope is action. Once we start to act, hope is everywhere. So instead of looking for hope, look for action. Then, and only then, hope will come.

이제 제 이야기가 거의 끝나가고 있습니다. 이 지점에서 사람들은 보통 희망, 태양광 패널, 풍력, 순환 경제 등에 대해 이야기하기 시작하지만, 저는 그런 이야기보다는 다른 말을 하고 싶습니다. 우리는 30년 동안 격려하고 긍정적인 아이디어를 듣고 살아왔습니다. 그러나 안타깝게도, 효과가 없었습니다. 만약 효과가 있었다면, 지금쯤 탄소 배출량이 줄어들었을 것입니다. 그러나 그렇지 않았습니다. 물론 희망이 필요합니다. 하지만 우리가 희망보다 더 필요한 것은 행동입니다. 행동을 시작하면 희망은 어디에나 존재합니다. 그러니 희망을 찾는 대신 행동을 모색하세요. 그때, 그리고 오직 그때에만 희망이 올 것입니다.

Today, we use 100 million barrels of oil every single day. There are no politics to change that. There are no rules to keep that oil in the ground. So we can't save the world by playing by the rules, because the rules have to be changed. Everything needs to change – and it has to start today. Thank you.

오늘날 우리는 매일 1억 배럴의 석유를 사용하고 있습니다. 이를 변화시킬 정치적 요소는 없습니다. 그 석유를 땅에 묻어두기 위한 규칙도 없습니다. 그래서 우리는 규칙을 지키며 세상을 구할 수 없습니다. 규칙은 바뀌어야 합니다. 모든 것이 바뀌어야 하며, 그 변화는 오늘부터 시작되어야 합니다. 감사합니다.

3.

Greta Thunberg의 연설문이 우리에게 말해주는 것

이 열정적인 행동 촉구 영상에서 16세의 기후 활동가 그레타 툰베리는 2018년 8월, 학교를 나와 지구 온난화에 대한 경각심을 높이기 위해 파업을 조직하고 스웨덴 의회 앞에서 시위를 벌이며 전 세계의 관심을 끌었던 이유를 설명합니다. 툰베리는 “기후 위기는 이미 해결되었습니다. 우리는 이미 모든 사실과 해결책을 알고 있습니다.”라고 말하며, “우리가 해야 할 일은 깨어나서 변화하기만 하면 됩니다.”라고 촉구하고 있습니다. 이 강연은 TEDx스톡홀름에서 현지 청중을 대상으로 진행된 독립행사였는데, TED 편집자들이 이 강연을 전 세계에 소개하기로 결정했습니다.

In this passionate call to action, 16-year-old climate activist Greta Thunberg explains why, in August 2018, she walked out of school and organized a strike to raise awareness of global warming, protesting outside the Swedish parliament and grabbing the world’s attention. “The climate crisis has already been solved. We already have all the facts and solutions,” Thunberg says. “All we have to do is to wake up and change.” This talk was presented to a local audience at TEDxStockholm, an independent event. TED’s editors chose to feature it for you.

<자료 출처>

https://www.ted.com/talks/greta_thunberg_the_disarming_case_to_act_right_now_on_climate_change?utm_campaign=tedspread&utm_medium=referral&utm_source=tedcomshare

3.1. '기후 위기'란 무엇인가요? Definition of Climate Crisis

'기후 위기'란 인간 활동으로 인한 온실가스 배출 증가로 인해 지구의 기후가 급격히 변화하고, 그로 인해 발생하는 환경적, 사회적 문제를 의미합니다. 이는 극단적인 날씨, 해수면 상승, 생태계 파괴 등을 초래하며, 인류의 생존과 지속 가능성에 심각한 위협이 됩니다. '기후 위기'와 관련된 다양한 영어 단어들을 예문과 함께 살펴봅시다.

climate change 기후 변화	Climate change is an existential threat. 기후 변화는 실존적 위협입니다.
global warming 지구 온난화	The effects of global warming, while not immediate, are potentially catastrophic. 지구 온난화의 영향은 즉각적이지는 않지만, 잠재적으로 파국적일 수 있습니다.
carbon neutral 탄소중립	In June 2007, Google made a voluntary commitment to become carbon neutral. 2007년 6월, 구글은 자발적으로 탄소중립을 달성하겠다고 공약했습니다.
greenhouse gas 온실가스	Some of the greenhouse gases are carbon dioxide, nitrous oxide, and methane. 온실가스 중 일부는 이산화탄소, 질소산화물, 그리고 메탄입니다.
methane 메탄	Methane is 23 times stronger than carbon dioxide and greatly contributes to global warming. 메탄은 이산화탄소보다 23배 더 강력하며, 지구 온난화의 주범입니다.
fossil fuel 화석 연료; (석탄, 석유 등) 캐낸 연료	Fossil fuel is made up of coal, oil, natural gas, etc. 화석 연료는 석탄, 석유, 천연가스 등으로 구성됩니다.

3.2. '기후 위기'에 관한 영화 Films about Climate Crisis

The Day After Tomorrow (2004) - Official Trailer

<출처> https://youtu.be/0SI-Kyam_Jk

Director: Roland Emmerich

Global warming has caused rapid changes in weather conditions, causing the whole world to panic.

《투모로우 The Day After Tomorrow》(2004)는 지구 온난화로 인해 기상 조건이 급격히 변화하며 전 세계가 혼란에 빠지는 상황을 그린 영화입니다. 주인공인 기상학자는 아들의 안전을 위해 재난이 닥친 도시로 돌아가고, 그 과정에서 다양한 인물들이 생존을 위해 싸우는 모습이 그려집니다. 이 영화는 기후 위기의 심각성을 강조하며, 긴박한 상황 속에서 인간의 연대와 희망을 보여줍니다.

An Inconvenient Truth (2006)

Film: 불편한 진실

<출처> https://youtu.be/x-VjNZBbjD4

《불편한 진실 An Inconvenient Truth》(2006)은 전 미국 부통령이자 환경 운동가인 앨 고어(Al Gore)가 기후 변화의 심각성을 알리기 위해 진행한 강연을 담고 있는 다큐멘터리입니다. 이 영화는 지구 온난화의 원인과 그로 인한 영향, 그리고 이를 해결하기 위한 행동의 필요성을 강조합니다. 고어는 다양한 데이터와 그래픽을 통해 기후 위기의 현실을 시청자에게 전달하며, 개인과 사회가 변화를 이루어야 한다고 촉구합니다.

<출처> https://youtu.be/-T-yqlH67_4

Before the Flood Official Trailer #1 (2016)

Leonardo DiCaprio Documentary Movie HD

<출처> https://youtu.be/6UGsRcxaSAI?si=wih1mybRAtwcHOl0

《홍수가 발생하기 전에 Before the Flood》(2016)는 배우 레오나르도 디카프리오(Leonardo DiCaprio)가 2014년부터 2016년까지 UN 평화 대사로 활동하며 기후 변화의 영향을 탐구한 다큐멘터리입니다. 이 영화는 전 세계의 다양한 장소를 방문하며 기후 위기의 심각성과 그로 인한 생태계의 변화, 사회적 문제를 다룹니다. 디카프리오는 과학자, 활동가, 정책 입안자들과의 인터뷰를 통해 기후 변화 해결을 위한 행동의 필요성을 강조하며, 개인과 공동체가 할 수 있는 노력에 대해 인식을 높이고자 합니다.

> 세 영화 모두 기후 변화와 그로 인한 위협의 심각성을 강조하며, 즉각적인 행동의 필요성을 전달합니다. The Day After Tomorrow는 기후 변화가 초래할 수 있는 극단적인 자연재해와 인간의 연대가 중요하다는 메시지를 담고 있습니다. An Inconvenient Truth는 과학적 데이터와 정보로 기후 변화의 현실을 알리고, 개인과 사회가 변화를 위해 행동해야 한다고 촉구합니다. 그리고 Before the Flood는 기후 위기의 전 세계적 영향을 보여주며, 우리가 직면한 문제를 해결하기 위한 다양한 접근과 개인의 역할을 강조합니다.
>
> 결국, 이들 영화는 기후 위기에 대한 경각심을 일깨우고, 모두가 함께 해결책을 모색해야 한다는 메시지를 전하고 있습니다.

3.3. 기후 변화가 환경에 미치는 영향

1) Ecological collapse 생태계의 붕괴

Bleaching has damaged the Great Barrier Reef and threatens reefs worldwide.

표백은 그레이트 배리어 리프를 손상시키고 전 세계 산호초를 위협하고 있습니다.

* 그레이트 배리어 리프, 대보초(大堡礁) (오스트레일리아 북동부의 Queensland 해안과 병행하는 큰 산호초)

2) Extreme weather 극단적인 날씨

Drought and high temperatures worsened the 2020 bushfires in Australia.

가뭄과 고온으로 인해 2020년 호주 산불은 더욱 악화되었습니다.

3) Arctic warming 북극 온난화

Permafrost thaws undermine infrastructure and release methane, a greenhouse gas.

영구 동토층이 녹으면 기반 시설이 훼손되고 온실가스인 메탄이 방출됩니다.

* permafrost: 영구 동토층
* thaw: 해빙; 해빙기; 녹다(=melt)
* undermine: 약화시키다; (상황을) 악화시키다

4) Habitat destruction 서식지 파괴

Many arctic animals rely on sea ice, which has been disappearing in a warming Arctic.

많은 북극 동물들은 온난화된 북극에서 사라지고 있는 해빙에 의존하고 있습니다.

5) Pest propagation 해충 번식

Mild winters allow more pine beetles to survive to kill large swaths of forest.

겨울이 온화하면 더 많은 소나무 딱정벌레가 생존하여 대규모 숲을 죽일 수 있습니다.

* swath: 베어나간 넓이, 한 번 낫질한 넓이, 베어낸 한 구획

<출처> https://en.wikipedia.org/wiki/Climate_change

>> 정리하기

연습문제

1 Greta Thunberg에 대한 설명 중 관련이 없는 것을 고르세요.

① She is a Swiss environmental activist.

② She urges political leaders to take immediate action for climate crisis.

③ She walked out of school and organized a strike to raise awareness of global warming in 2018, when she was 16 years old.

④ Her talk was featured by TED's editors released worldwide.

정답 ①
해설 She is a Swedish environmental activist.

2 다음 중 Greta Thunberg의 연설문 내용이 아닌 것을 고르세요.

① "No one is acting as if we were in a crisis."

② "All we have to do is to wake up and change."

③ "But the one thing we need more than hope is action."

④ "There are rules to keep that oil in the ground. So we can save the world by playing by the rules."

정답 ④
해설 She said, "There are no rules to keep that oil in the ground. So we can't save the world by playing by the rules, because the rules have to be changed."

3 다음 중 기후 변화 사례와 거리가 먼 것을 고르세요.

① Bushfires

② Insect outbreaks

③ Human rights

④ Flooding

정답 ③
해설 'Human rights(인권)'은 'Climate change(기후변화)'와 대립하는 사례입니다.

키워드

1. Greta Thunberg
2. The disarming case to act right now on climate change
3. Climate crisis
4. Global warming

04

[Film] Robert Redford, A River Runs Through It

[영화] 로버트 레드포드, 흐르는 강물처럼

이 장에서는 영화배우 Robert Redford가 감독하고 내레이션을 맡은
영화 A River Runs Through It의
인상적인 장면과 대사를 깊이 있게 살펴봅니다.

로버트 레드포드는 그의 다채로운 삶과 영화 인생을 통해
많은 이들에게 깊은 감동을 주는 배우이자 감독입니다.
특히 그는 영화 A River Runs Through It에서
감독으로서 뛰어난 역량을 발휘하며,
가족애와 자연의 아름다움을 조화롭게 담아냈습니다.

영화 속 명대사를 읽으며
가족에 대한 사랑과 감사의 마음을 되새겨봅시다.
그리고 진정한 삶의 의미를 찾는 여정을 함께 해봅시다.

Robert Redford의 삶과 영화 인생

로버트 레드포드는 미국의 대표적인 배우이자 감독, 제작자로, 그의 영화 인생은 다채롭고 매력적입니다. 그는 탁월한 연기력과 독창적인 연출로 많은 관객에게 감동을 주었으며, 그의 삶은 영화 역사에 길이 남을 것입니다. 레드포드는 다양한 작품에서 강렬한 캐릭터를 연기하며, 특히 '내일을 향해 쏴라(1969)'와 '스팅(1973)'과 같은 영화에서 그의 재능을 유감없이 발휘했습니다. 이러한 영화들은 그에게 많은 찬사와 인정을 안겼고, 그는 두 번의 아카데미 수상, 영국 아카데미 영화상, 두 개의 골든 글로브 상, 세실 B. 드밀 상, 그리고 대통령 자유 메달 등 다양한 영예를 수상했습니다. 2014년, 타임지는 그를 세계에서 가장 영향력 있는 100인 중 한 명으로 선정했습니다.

마이클 피니 캘런의 『로버트 레드포드 전기』를 참고하면, "로버트 레드포드의 우아한 삶은 자유와 정직, 그리고 사회적 성취를 꿈꾸었던 수수께끼 같은 매력남 개츠비 풍의 매력을 지니고 있습니다."

Robert Redford: The Biography by Michael Feeney Callan - review

"An elegant life of Robert Redford gets to the heart of an enigmatic, Gatsbyesque charmer who dreamed of freedom, honesty and social fulfilment."

단어설명

- -esque: 접미사 .. 풍(식)의; ~과 같은

<출처> https://www.theguardian.com/film/2011/jun/12/robert-redford-biography-review

영화 A River Runs Through It은 레드포드가 감독한 작품으로, 깊은 가족애와 자연의 아름다움을 담고 있습니다. 이 영화에서 가장 인상 깊은 명대사 중 하나는 “우리는 가까운 이들을 깊이 이해하고, 그들이 우리를 피하더라도 변함없이 사랑해야 합니다. 완벽한 이해 없이도 그들을 온전히 사랑하는 법을 배워야 합니다.”입니다. 이 대사는 우리에게 사랑과 이해의 중요성을 상기시켜줍니다. 가까운 사람들을 완벽하게 이해하지 못해도, 그들이 우리를 피하더라도 사랑과 배려를 멈추지 말아야 한다는 메시지입니다. 이는 관계가 어려움에 처했을 때라도 언제나 사랑과 이해를 바탕으로 접근해야 한다는 것을 상기시킵니다.

영화의 주제인 ‘가족애’는 우리 삶에서 빼놓을 수 없는 요소입니다. 가족은 우리가 성장하는 과정에서 가장 큰 영향을 미치며, 서로의 지지와 사랑이 필요합니다. 가족애는 단순히 혈연관계에만 국한되지 않고, 서로를 이해하고 존중하는 관계 속에서 더욱 깊어집니다. A River Runs Through It을 통해 우리는 이러한 가족애의 중요성을 느끼게 되며, 자신의 가족에 대한 사랑과 감사의 마음을 되새기게 됩니다.

결론적으로, 로버트 레드포드의 영화 인생과 A River Runs Through It은 우리에게 삶의 진정한 의미와 가족애의 소중함을 일깨워 줍니다. 그의 작품을 통해 우리는 서로를 이해하고 사랑하는 것이 얼마나 중요한지를 다시 한 번 생각해 보게 됩니다.

1.

개요

1.1. 영화 A River Runs Through It

영화 A River Runs Through It의 주요 장면을 통해 등장인물들의 내면적 갈등과 그들의 선택이 가져오는 복잡한 감정을 깊이 탐구하며 전체 내용을 이해해 봅시다.

영화 《흐르는 강물처럼 A River Runs Through It》은 로버트 레드포드가 감독하고, 크레이그 셰퍼, 브래드 피트, 톰 스케릿, 브렌다 블레신, 에밀리 로이드가 출연한 1992년 미국 드라마 영화입니다. 이 작품은 노먼 맥린의 1976년 반자전적 소설인 『흐르는 강물처럼 *A River Runs Through It*』을 원작으로 하며, 리처드 프리덴버그가 영화로 각색했습니다.

이 이야기는 몬태나주 미줄라와 그 주변을 배경으로, 장로교 목사의 두 아들을 중심으로 전개됩니다. 한 명은 열심히 공부하는 모범생이고, 다른 한 명은 반항적인 성격을 지니고 있습니다. 두 아들은 1차 세계대전부터 대공황 초기, 그리고 금주법 시대까지 로키 산맥 지역에서 성장하며 성인이 되는 과정을 다룹니다.

이 영화는 아카데미 촬영상을 수상했으며, 최우수 음악상, 오리지널 음악상, 최우수 각색상 후보에도 올랐습니다. 6,600만 달러 이상의 수익을 올렸고, 비평가들로부터 긍정적인 평가를 받았습니다.

<자료 출처> https://en.wikipedia.org/wiki/A_River_Runs_Through_It_(film)

1.2. 소설 『흐르는 강물처럼 *A River Runs Through It*』

『흐르는 강물처럼 과 또 다른 이야기들 *A River Runs Through It and Other Stories*』는 1976년에 출판된 미국 작가 노먼 매클린(Norman Maclean, 1902~1990)의 반자전적 이야기 모음집으로, 세 편의 이야기가 담겨 있습니다. 이 작품은 시카고대학 출판부에서 출판한 최초의 소설로, 중편소설 『흐르는 강물처럼』과 두 편의 단편 소설이 포함되어 있습니다.

중편소설 『흐르는 강물처럼』 * novella 중편소설

1. Childhood 어린 시절
2. Adolescence 청소년기
3. To Dartmouth College 다트머스대학교로
4. In the Awakened Memories 깨어난 기억 속에서
5. Paul and Mabel 폴과 메이블
6. Neal and Jessie's Family 닐과 제시의 가족
7. Fishing with Neal 닐과 함께 낚시하기
8. "I'm in love with Jessies" "저는 제시를 사랑해요"
9. Like a Work of Art 예술 작품처럼
10. I am Haunted by Waters 내 영혼을 흐르는 강물

<자료 출처> https://en.wikipedia.org/wiki/A_River_Runs_Through_It_(novel)

2.

A River Runs Through It
- 영문 텍스트 듣고, 읽고, 이해하기

아래 유튜브 사이트를 방문하여 영화 트레일러를 보면서, 아는 단어나 표현을 적어보세요. 그런 다음, 전체 텍스트를 함께 읽어봅시다.

Film 영화

Robert Redford, A River Runs Through It (1992)
Trailer #1 | Movieclips Classic Trailers

<영상 출처> https://youtu.be/OsIolBViUmc 〉 [2:39]

영화의 주요 장면들을 통해 전체 내용 파악하기

A River Runs Through It - 1992 - Open Scene [3:14]

<영상 출처> https://youtu.be/-mxnNiCNNQs

[0:34-0:57]
Long ago, when I was a young man, my father said to me "Norman, you like to write stories." And I said, "yes, I do," then he said, "someday when you're ready... you might tell our family story. Only then will you understand what happened ... and why."

오래전, 제가 젊었을 때 아버지께서 말씀하셨습니다. "노먼, 너는 글쓰기를 좋아하지." 내가 그렇다고 대답하자 아버지께서 이어 말씀하셨습니다. "언젠가 준비가 되면 우리 가족 이야기를 한번 써보렴. 그때 우리가 어떤 일을 겪었고, 왜 그런 일이 일어났는지 알게 될 거야."

♩♪♫♬ [0:58-1:14]

[1:15-1:35]

In our family, there was no clear line between religion and fly-fishing. We lived at the junction of great trout rivers in Missoula, Montana ... where Indians still appeared out of the wilderness ... ... to walk the honky-tonks and brothels of Front Street.

우리 가족은 종교와 플라이 낚시 사이에 뚜렷한 경계가 없었습니다. 우리는 몬태나 주 미줄라의 거대한 송어들이 모이는 강가에서 살고 있었습니다. 그 지역은 여전히 인디언들이 황야에서 나타나 프런트 스트리트의 싸구려 술집과 사창가를 걸어 다니던 곳이었습니다.

A River Runs Through It (7/8) Movie CLIP - We Can Love Completely (1992) HD [2:35]

<영상 출처> https://youtu.be/TfGmV-el44k

[0:00-0:20]

As time passed, my father struggled for more to hold on to... asking me again and again, had I told him everything? And finally, I said to him... ..."Maybe all I really know about Paul ... is that he was a fine fisherman." "You know more than that," my father said. "He was beautiful." And that was the last time we ever spoke of my brother's death.

시간이 지나면서 아버지는 더 붙잡아야 할 것을 찾기 위해 고군분투하셨습니다. 제가 아버지에게 모든 것을 말씀드렸는지 몇 번이고 묻곤 하셨죠. 마침내, 저는 아버지에게 말씀드렸어요. “아마도 제가 폴에 대해 진짜로 알고 있는 것은 ... 그가 훌륭한 낚시꾼이었다는 것일 겁니다.” 그럼 아버지는 “넌 그 이상을 알고 있어.”라고 말씀하셨습니다. “그는 아름다웠다.” 그것이 우리가 폴의 죽음에 대해 말했던 마지막 순간이었습니다.

[0:37-0:45]

Indirectly, though, Paul was always present in my father's thoughts. I remember the last sermon I heard him give, not long before his own death.

하지만 폴은 항상 아버지의 마음속에 존재했습니다. 아버지께서 돌아가시기 얼마 전, 마지막으로 들었던 설교가 기억납니다.

[0:46-1:04]

“Each one of us here today will at one time in our lives look upon a loved one who is in need and ask the same question: We are willing to help, Lord, but what, if anything, is needed.”

“오늘 여기 모인 우리 모두는 살면서 한때 어려움에 처한 사랑하는 이를 바라보며 같은 질문을 하게 될 것입니다. 기꺼이 돕겠습니다. 주님, 하지만 무엇이 필요한지 말씀해주세요.”

[1:05-1:36]

“For It is true we can seldom help those closest to us. Either we don't know what part of ourselves to give or, more often than not, the part we have to give is not wanted. And so it is those we live with and should know who elude us. But we can still love them - we can love completely without complete understanding.”

"사실 우리는 가장 가까운 사람조차 제대로 도와주지 못하고 있습니다. 우리는 무엇을 도와줘야 할지 모르거나, 대개 도움이 절실한 사람이 도움을 원하지 않기 때문입니다. 그러므로 우리는 함께 사는 가까운 사람들을 잘 알아야 합니다. 그들이 우리를 피하더라도 우리는 계속해서 사랑할 수 있습니다. 그들을 완벽하게 이해하지 못하더라도 온전히 사랑할 수 있습니다."

[1:37-2:35]
♩♪♫♬ (노만이 폴과 함께 했던 어린 시절 회상)

A River Runs Through It - Ending (complete) [2:28]
https://youtu.be/OsDnrFBpsBk

[0:00-2:28]
Now nearly all those I loved and did not understand in my youth are dead. Even Jessie. But I still reach out to them. (♩♪♫♬)

Of course, now I'm too old to be much of a fisherman, and now I usually fish the big waters alone although some friends think I shouldn't. (♩♪♫♬)

But when I'm alone in the half-light of the canyon, all existence seems to fade to a being with my soul and memories, and the sounds of the Big Blackfoot River, and the four-count rhythm, and the hope that a fish will rise. (♩♪♫♬)

Eventually all things merge into one, and a river runs through it. The river was cut by the world's great flood, and runs over rocks from the basement of time. On some

of the rocks are timeless raindrops. Under the rocks are the words, and some of the words are theirs.
(♩♪♫♬) I am haunted by waters.

이제 내가 젊었을 때 사랑하고 이해하지 못했던 거의 모든 이들이 세상을 떠났습니다. 제시마저도. 그러나 나는 여전히 그들에게 다가가고 있습니다. (♩♪♫♬)

물론 이제 나는 온전한 낚시꾼이 되기엔 나이를 많아졌고, 어떤 친구들은 낚시를 만류하기도 하지만 지금도 큰물에서 홀로 낚시를 즐깁니다. (♩♪♫♬)

하지만 협곡의 반 빛 속에서 혼자 있을 때, 모든 존재는 내 영혼과 기억, 빅 블랙풋 강의 소리, 4박자 리듬, 물고기가 떠오를 것이라는 희망과 함께 희미해지는 것 같습니다. (♩♪♫♬)

결국 모든 것이 하나로 합쳐지고 강이 흐릅니다. 강은 세계의 대홍수로 인해 끊어지며, 태초 때부터 바위 위로 흐릅니다. 바위에는 영겁의 빗방울이 떨어지고, 그 아래에는 많은 이야기가 간직되어 있습니다. 그중에 어떤 이야기는 그들의 이야기입니다. (♩♪♫♬)

나는 물에 사로잡혀 있습니다.

3.

A River Runs Through It이 우리에게 말해주는 것

영화 A River Runs Through It 작품을 통해 작가가 말하고 싶어 하는 것이 무엇인지 깊이 생각해보는 시간을 가져봅시다.

이 작품을 통해 작가가 말하고자 하는 것은 가족의 사랑과 유대, 그리고 자연과의 조화로운 관계입니다. 또한, 삶의 의미와 인간의 고뇌를 탐구하며, 각자의 길을 찾는 여정 속에서의 소중한 순간들을 강조하고 있습니다. 이러한 메시지는 플라이 낚시를 매개로 하여, 삶의 흐름과 그 안에서의 갈등을 다루며 아름답게 표현되고 있습니다.

3.1. '가족'에 대한 정의 Definition of Family

이제 여러 위인들이 남긴 '가족'에 대한 인용문들을 살펴보며, 가족의 의미와 소중함에 대해 깊이 생각해보는 시간을 가져봅시다. 가족은 우리의 삶에 가장 큰 영향을 미치는 존재로, 사랑, 지지, 그리고 끈끈한 유대감을 통해 우리의 정체성을 형성해줍니다. 이 시간을 통해 가족의 진정한 가치를 다시 한 번 되새겨 보세요.

조앤 롤링은 "가족은 험난한 인생의 바다에서 구명조끼와 같은 역할을 하여, 우리를 안전하게 지켜주는 존재입니다."라고 말했습니다.

"Family is a life jacket in the stormy sea of life." - J.K. Rowling

<출처> https://www.keepinspiring.me/quotes-about-family/

월트 디즈니는 "인생에서 가장 위대한 순간은 이기적인 성취에서 오는 것이 아니라, 우리가 사랑하고 존경하는 사람들을 위해 행하는 일에 있습니다."라고 말했습니다.

"The greatest moments in life are not concerned with selfish achievements but rather with the things we do for the people we love and esteem." - Walt Disney

<출처> https://d23.com/section/walt-disney-archives/walts-quotes/page/6/

미국의 변호사이자 정치인인 브레드 헨리는 "가족은 우리를 인도하는 나침반입니다. 가족은 높은 곳에 도달할 수 있는 영감을 주고, 때로는 우리가 주춤할 때 위로가 되어줍니다."라고 말했습니다.

"Families are the compass that guides us. They are the inspiration to reach great heights, and our comfort when we occasionally falter."

- Brad Henry

<출처> https://www.brainyquote.com/quotes/brad_henry_167809

데스몬드 투투 신부는 "가족은 우리가 선택할 수 없는 존재입니다. 당신이 가족에게 그러하듯, 가족은 당신에게 신이 주신 소중한 선물입니다."라고 말했습니다. 이 문장은 가족이 우리의 선택이 아닌, 운명적으로 주어진 존재라는 것을 강조하고 있어요. 가족은 우리가 태어날 때부터 함께하며, 그들과의 관계는 신이 주신 귀한 선물이라는 의미입니다. 즉, 가족은 우리가 사랑하고 존중해야 할 존재로, 그들의 존재가 우리 삶에 큰 가치를 더해준다는 메시지를 전하고 있습니다. 가족 간의 유대감과 사랑의 소중함을 다시 한 번 일깨워주는 문장입니다.

- 데스몬드 투투 (신부, 남아프리카공화국 출생, 1931~)

"You don't choose your family. They are God's gift to you, as you are to them."

- Desmond Tutu

<출처> https://www.keepinspiring.me/quotes-about-family/

마더 테레사는 "세계 평화를 위해 무엇을 할 수 있을까요? 집에 가서 가족을 사랑하세요."라고 말했습니다. 이 문장은 '세계 평화'가 거창한 목표처럼 보일 수 있지만, 그 시작은 우리 일상에서 가까운 관계인 가족 사랑으로부터 시작된다는 의미를 담고 있어요. 가족을 사랑하고 존중하는 행위가 더 나아가 사회와 세계의 평화로 이어질 수 있다는 메시지를 전달하고 있습니다. 작은 사랑이 큰 변화를 만들어낼 수 있다는 것을 상기시켜주는 조언입니다.

- 마더 테레사

"What can you do to promote world peace? Go home and love your family."

- Mother Teresa

<출처> https://www.keepinspiring.me/quotes-about-family/

위 인용문들은 모두 가족의 중요성과 그들이 우리 삶에서 차지하는 역할에 대해 강조하고 있습니다. 가족은 사랑, 지지, 영감의 원천이며, 우리가 힘든 상황을 이겨내고 성장하는 데 큰 영향을 미친다는 메시지를 전달하고 있습니다. 결국, 가족의 사랑과 관계가 인생의 의미와 행복을 더해준다는 공통된 주제를 가지고 있습니다.

3.2. 가족의 사랑과 인내를 다룬 영화들

In the Name of the Father

Official Trailer #1 - Daniel Day-Lewis Movie (1993) HD
https://youtu.be/04ZYTB2ZXVc
Director: Jim Sheridan

"It showed how cruel a person can do if they have prejudice."

"이 영화는 편견이 사람에게 얼마나 잔인한 행동을 유발할 수 있는지를 깊이 있게 탐구하고 있습니다."

> 영화 《아버지의 이름으로, In the Name of the Father》(1993)는 다니엘 데이 루이스가 주연을 맡은 감동적인 드라마입니다. 이 영화는 아일랜드 공화국군(IRA)과 관련된 범죄로 억울하게 수감된 한 남자와 그의 아버지의 이야기를 다룹니다. 그들은 정의를 찾기 위해 싸우고, 편견과 불공정한 시스템에 맞서 싸우는 과정을 통해 가족의 사랑과 인내를 보여줍니다. 실제 사건을 바탕으로 한 이 작품은 강력한 연기와 깊은 메시지로 많은 찬사를 받았습니다.

Marvin's Room 1996 Movie Trailer (Meryl Streep, Leonardo DiCaprio, Robert DeNiro)

https://youtu.be/YbNp99EnCjI
Director: Jerry Zaks

"A story about the years that keep us apart, and the moments that bring us together"

"우리를 갈라놓은 세월과 우리를 하나로 만드는 순간들에 대한 이야기"

《마빈의 방, Marvin's Room》(1996)은 가족 간의 갈등과 화해를 다룬 감동적인 영화입니다. 백혈병에 걸린 베시(다이안 키튼 분)는 20년 전, 아픈 아버지를 자신에게 맡긴 채 홀로 새 삶을 찾아 떠난 여동생 리(메릴 스트립 분)에게 어쩔 수 없이 연락을 취하면서 이야기는 전개됩니다. 영화 제목인 '마빈의 방'은 리와 베시의 아버지 마빈(흄 크로닌 분)이 아파서 약으로 생을 이어가고 있는 방입니다. 레오나르도 디카프리오와 로버트 드니로도 출연하며, 인간관계의 복잡성과 삶의 가치에 대한 깊은 통찰을 제공해주는 영화입니다.

Life Is Beautiful (1998) Official Trailer - Robert Benigni Movie HD

https://youtu.be/pAYEQP8gx3w
Director: Roberto Benigni
La Vita È Bella,
Life Is Beautiful

"An unforgettable fable that proves love, family and imagination conquer all"

"사랑, 가족, 상상력이 모든 것을 이긴다는 것을 증명하는 잊을 수 없는 우화"

《인생은 아름다워, La Vita È Bella》(1997)는 로베르토 베니니(Roberto Benigni)가 감독하고 주연한 감동적인 영화입니다. 이 영화는 제2차 세계대전 중 이탈리아의 유대인 아버지가 아들과 함께 아우슈비츠 수용소에 수감되면서 벌어지는 이야기입니다. 아버지는 아들에게 상황을 숨기고, 게임처럼 상상력을 발휘하여 힘든 현실을 극복하려고 합니다. 사랑과 희망, 그리고 인내를 주제로 한 이 영화는 유머와 감동을 절묘하게 결합하여 관객에게 깊은 여운을 남깁니다.

3.3. '사랑'과 '인내'와 관련된 단어들

love 사랑	He was the love of my life. 그는 제 인생의 사랑이었어요.
parental love 어버이의 사랑	Parental love is deep and true. 부모의 사랑은 깊고 진실합니다. 〈paternal love: 부성애; maternal love: 모성애〉
brotherhood 형제애; 인류애	the ties of brotherhood: 형제간의 유대 They want to live in peace and brotherhood. 그들은 평화롭고 형제애 속에서 살기를 원합니다. 〈sisterhood: (사상목표를 공유하는 여성들 사이의) 자매애; (특히 종교적인) 여성공동체〉
admiration 감탄; 존경	I have great admiration for her as a writer. 작가로서 그녀를 매우 존경합니다.
awe 경외감; 외경심	The building was awe-inspiring in the size and design. 그 건물은 크기와 디자인 면에서 경외심을 불러일으켰습니다.
worship 예배; 숭배; (하느님에 대해) 예배하다	We worship at St Maryis. 우리는 세인트 메리스에서 예배를 드립니다.

>> 정리하기

연습문제

1 Robert Redford에 대한 설명 중 관련이 없는 것을 고르세요.

① He is an American actor, director and activist.

② He is the recipient of various accolades, including two Academy Awards.

③ In 2014, Time magazine named him one of the 100 most influential people in the world.

④ He wrote film scripts of the movie A River Runs Though It.

정답 ④
해설 The screenplay was written by Richard Friedenberg.

2 다음 중 영화 A River Runs Through It의 내용과 거리가 먼 것을 고르세요.

① The film sets in and around Missoula, Montana, United States.

② Under the influence of their father, Norman and his brother Paul build brotherhood by fishing by the river.

③ This is the story of two sons growing up as scholars through the education of a Presbyterian pastor.

④ As an old man, Norman recalls his family who loved fishing by the river in Montana.

정답 ③
해설 The story follows two sons of a Presbyterian minister, one studious and the other rebellious. 이 이야기는 장로교 목사의 두 아들을 중심으로 전개되며, 한 아들은 공부를 잘하는 반면, 다른 아들은 반항적인 성격을 지니고 있습니다.

3 다음 중 소설 A River Runs Through It과 거리가 먼 것을 고르세요.

① It is a semi-autobiographical novella by American author Norman Maclean.

② The historical setting of the novel is during World War II.

③ The period includes parts of the Prohibition period.

④ Maclean's family consists of four people: his father, John, who is a

Presbyterian minister; his mother; Maclean himself, the main character; and his younger brother, Paul.

정답 ②
해설 The historical setting of the novel is the period from World War I to the beginning of the Great Depression. 소설의 배경은 1차 세계대전부터 대공황에 이르는 역사적 시기를 다루고 있습니다.

키워드

1. Robert Redford
2. A River Runs Through It [Film]
3. Fly-fishing
4. Family
5. Norman Maclean
6. *A River Runs Through It* [Novella]
7. Semi-autobiography
8. Life

05

[Film] Peter Weir, Dead Poets Society

[영화] 피터 위어, 죽은 시인의 사회

이 장에서는 Peter Weir 감독의 대표작 Dead Poets Society에
나오는 명대사를 살펴보고,
그 메시지가 전하는 깊은 감동을 느껴봅니다.

이 영화는 'Carpe Diem'이라는 주제를 중심으로 이야기가 전개되며,
이 단어가 우리의 삶에 전하는 깊은 의미를
함께 고민해보는 시간을 갖습니다.

'Carpe Diem'은 단순히 '지금 이 순간을 즐기라'는
의미를 넘어서, 매 순간을 소중히 여기며,
자신의 삶을 주도적으로 이끄는
주체적인 삶을 살아가라는 메시지를 전합니다.

Dead Poets Society의 명장면과 명대사를 영문으로 읽으며,
삶의 진정한 의미를 되새기고 우리 자신의 삶을 되돌아보는
시간을 가져봅시다.

Peter Weir의 삶과 영화 인생

피터 린제이 위어는 호주의 저명한 영화감독으로, 호주 뉴웨이브 영화 운동(1970-1990)의 핵심 인물 중 한 명입니다. 그의 초기 경력에서 가장 두드러진 작품은 600만 달러의 예산으로 제작된 다국적 영화 《위험하게 사는 해, The Year of Living Dangerously》(1982)입니다.

그 이후로 위어 감독은 다양한 장르의 미국 영화와 국제 영화를 연출하게 됩니다. 이 중에는 스릴러 《목격자 Witness》(1985), 드라마 《죽은 시인의 사회 Dead Poets Society》(1989), 로맨틱 코미디 《그린카드 Green Card》(1990), 사회과학 소설을 바탕으로 한 코미디 드라마 《트루먼 쇼 The Truman Show》(1998), 그리고 서사적 역사 드라마 《마스터 앤드 커맨더: 위대한 정복자 Master and Commander: The Far Side of the World》(2003) 등이 포함됩니다. 위어 감독은 이 다섯 편의 작품을 통해 감독, 작가, 프로듀서로서 각각 여섯 번의 아카데미 상 후보에 오르는 영광을 누렸습니다.

<출처> https://en.wikipedia.org/wiki/Peter_Weir

1.

개요

1.1 영화《죽은 시인의 사회 Dead Poets Society》

영화《죽은 시인의 사회 Dead Poets Society》(1989)의 주요 장면을 통해, 영화가 제시하는 주제에 대해 깊이 생각해보는 시간을 갖습니다. 등장인물들의 내면적 갈등과 선택이 가져오는 복잡한 감정을 탐구하며, 전체 내용을 이해해봅시다.

《죽은 시인의 사회 Dead Poets Society》(1989)는 1959년 버몬트주의 가상의 엘리트 보수 기숙학교인 웰튼 아카데미를 배경으로, 시를 가르치며 학생들에게 영감을 주는 영어 교사의 이야기를 중심으로 펼쳐집니다.

이 영화는 상업적으로 큰 성공을 거두며, 최우수 감독상, 최우수 작품상, 그리고 로빈 윌리엄스의 최우수 남우주연상 부문에서 아카데미상 후보에 오르는 등 많은 찬사를 받았습니다.

<자료 출처> https://en.wikipedia.org/wiki/Dead_Poets_Society

1.2. Thomas Schulman & Robin Williams

1) 토마스 슐만(Thomas Schulman)

Thomas Schulman은 테네시주 내슈빌에 위치한 명문 대학 진학 준비 학교인 몽고메리 벨 아카데미 재학 시절을 바탕으로, 반자전적 시나리오《죽은 시인의 사회 Dead Poets Society》를 쓴 미국의 시나리오 작가입니다. 이 영화는 1989

년 아카데미 각본상을 수상했으며, 작품상과 감독상(피터 위어) 부문에서도 후보에 올랐습니다.

<출처> https://en.wikipedia.org/wiki/Tom_Schulman

2) 로빈 윌리암스(Robin Williams, 1951-2014)

로빈 맥로린 윌리엄스는 미국의 배우이자 코미디언으로, 《굿윌 헌팅 Good Will Hunting》(1997)에서 남우조연상을 수상하며 아카데미상 4개 부문에 후보로 올랐습니다. 그는 프라임타임 에미상 2개, 골든 글로브상 6개, 스크린 배우 조합상 2개, 그리고 그래미상 5개를 수상했습니다. 2014년 8월 11일, 윌리엄스는 63세의 나이로 캘리포니아주 파라다이스 케이에 있는 자택에서 스스로 목숨을 끊었습니다. 그의 미망인인 수잔 슈나이더 윌리엄스(Susan Schneider Williams)와 의료 전문가들, 그리고 부검 결과에 따르면, 윌리엄스의 자살 원인은 루이소체병(Lewy body disease)으로 밝혀졌습니다.

* Lewy body disease: 루이소체병: 노인성치매 질환

<자료 출처> https://en.wikipedia.org/wiki/Robin_Williams

2.

《죽은 시인의 사회 Dead Poets Society》 - 영문 텍스트 듣고, 읽고, 이해하기

아래 유튜브 사이트를 방문하여 영화 트레일러를 보면서, 아는 단어나 표현을 적어보세요. 그런 다음, 전체 텍스트를 함께 읽어봅시다.

2.1. "Carpe diem. Seize the day."

Film

"Carpe diem. Seize the day." - Dead Poets Society [3:05]

<영상 출처> https://youtu.be/vi0Lbjs5ECI

영화의 주요 장면들을 통해 전체 내용 파악하기

KEATING: Now, Mr. Pitts. That's rather unfortunate name. Mr. Pitts, where are you?

키팅: 자, 피츠 군. 다소 아쉬운 이름이군. 피츠 군, 어디 있나?

KEATING: Mr. Pitts, will you open your hymn alto page 542? Read the first stanza of the poem you find there.

키팅: 피츠 군, 찬송가 알토 542쪽을 펴 보겠어? 거기에서 찾은 시의 첫 번째 연을 읽어봐.

PITTS: "To the Virgins, To Make Much of Time"?

피츠: "처녀들에게, 주어진 시간을 최대한 활용하라(시간을 소중하게 여겨라)"?

<참고> 'virgin'이라는 단어는 전통적으로 처녀, 즉 여성의 순결을 의미하지만, 이 시에서 언급된 "the Virgins"는 보통 젊은 사람들을 포괄적으로 지칭하는 경우가 많습니다. 따라서 남성과 여성을 모두 포함하는 의미로 해석될 수 있습니다. 특히 이 장에서의 주제는 젊음과 시간의 소중함을 강조하는 것이기 때문에, "the Virgins"를 젊은이들, 즉 남성과 여성을 모두 포함하는 의미로 이해하는 것이 적절합니다. 따라서 남성과 여성을 모두 아우르는 의미로 "청년들이여"라는 표현을 사용해도 좋겠습니다.

KEATING: Yes. That's the one. Somewhat appropriate, isn't it?

키팅: 그래, 바로 그거야. 꽤 적절한 것 같지 않나?

PITTS: Gather ye rosebuds while ye may,
Old time is still a-flying;
And this same flower that smiles today
Tomorrow will be dying.

피츠: 할 수 있을 때 장미꽃 봉오리를 모아라,
세월은 계속 흘러가고;
오늘 웃고 있는 이 꽃이
내일은 시들어버릴 테니.

KEATING: Thank you, Mr. Pitts. "Gather ye rosebuds while ye may." The Latin term for that sentiment is "Carpe diem". Now who knows what that means?

키팅: 고마워, 피츠 군. "할 수 있을 때 장미꽃 봉오리를 모아라" 그 감정을 나타내는 라틴어 용어는 "Carpe diem"이지. 이게 무슨 뜻인지 아는 사람?

MEEKS: Carpe diem. That's "seize the day."

믹스: 카르페 디엠. "오늘을 붙잡아라"라는 뜻입니다.

KEATING: Very good, Mr --

키팅: 아주 좋아, 이름이 뭐지?

MEEKS: Meeks.

믹스: 믹스입니다.

KEATING: Meeks. Another unusual name. Seize the day. "Gather ye rosebuds while ye may." Why does the writer use these lines?

키팅: 믹스. 또 다른 특이한 이름이군. 오늘을 붙잡아라. "할 수 있을 때 장미꽃 봉오리를 모아라." 작가는 왜 이 대사를 사용했을까?

CHARLIE: Because he's in a hurry.

찰리: 바쁘니까요.

KEATING: No! Ding! Thank you for playing anyway. Because we are food for worms, lads. Because, believe it or not, each and everyone of us in this room is, one day, gonna stop breathing, turn cold, and die. I would like you to step forward over there and peruse some of the faces from the past. You've walked past them many times, but I don't think you've really looked at them.

키팅: 아니! 땡! 그래도 대답해줘서 고마워. 우리는 벌레의 먹잇감이니까. 믿거나 말거나, 이 방에 있는 우리 모두는 언젠가 숨을 멈추고 차갑게 식어 죽을 것이기 때문이야. (역대 선배들의 사진을 바라보며) 저기 앞으로 나와서 과거의 얼굴들을 자세히 살펴봐. 너희들은 이들을 여러 번 지나쳤지만, 제대로 본 적은 없는 것 같아.

단어설명

- peruse: ...을 통독하다; 숙독하다; 주의 깊게 자세히 살펴보거나 고려하다 (examine or consider with attention and in detail)

KEATING: They're not that different from you, are they? Same haircuts, full of hormones just like you. Invincible just like you feel. The world is their oyster. They believe they're destined for great things, just like many of you. Their eyes are full of hope, just like yours. Did they wait until it was too late to make from their lives even one iota of what they were capable? Because, you see, gentlemen, those boys are now fertilizing daffodils. But if you listen real close, you can hear them whisper their legacy to you. Go on, lean in. Listen. Do you hear it?

그들도 너희와 별반 다르지 않잖아, 안 그래? 머리도 똑같고, 너희처럼 호르몬

이 넘쳐나지. 너희가 느끼는 것처럼 천하무적이지. 세상은 그들의 것이야. 그들도 너희와 마찬가지로 자신들이 위대한 일을 할 운명이라고 믿고 있어. 그들의 눈은 너희들의 눈처럼 희망으로 가득 차 있어. 그들은 자신의 삶에서 할 수 있는 것 하나라도 이루기 위해 너무 늦어질 때까지 기다린 걸까? 그러니까, 봐봐, 얘들아, 저 소년들은 지금 수선화를 비옥하게 하고 있어(죽어서 땅에 묻혀 거름이 되었다는 의미). 하지만 가까이 가서 귀 기울여 잘 들어보면, 그들의 속삭임이 들릴 거야. 너희들에게 주는 그들의 유산. 자, 몸을 기대어 귀를 기울여 봐. 들리나?

단어설명

- invincible: 천하무적의, 아무도 꺾을[바꿀] 수 없는(=unconquerable)
- iota: 극히 적은 양
- legacy: (죽은 사람이 남긴/과거의) 유산(=inheritance)

KEATING: Carpe. Hear it? Carpe. Carpe diem. Seize the day, boys. Make your lives extraordinary.

키팅: 까르페, 들리나? 카르페, 카르페 디엠. 오늘을 즐겨라, 얘들아. 너희들의 인생(삶)을 특별하게 만들어라.

2.2. "What will your verse be?"

Dead Poets Society (1989) - What will your verse be?
https://youtu.be/Wey8nauEyA4

KEATING: Words and language. No matter what anybody tells you, words and ideas can change the world. Now I see that look in Mr. Pitts' eye, like 19th-century literature has nothing to do with going to business school or medical school. Right? Maybe. Mr. Hopkins, you may agree with him, thinking, “Yes, we should simply study our Mr. Pritchard and learn our rhyme and meter and go quietly about the business of achieving other ambitions.” I’ve a little secret for you. Huddle up. Huddle up!

키팅: 말과 언어. 누가 뭐라고 하든, 말과 생각은 세상을 바꿀 수 있다. 지금 피트 군의 눈에서 19세기 문학은 경영대학이나 의과대학에 진학하는 것과는 전혀 무관하다는 표정을 읽을 수 있어. 그렇지? 아마도. 홉킨스군, 너도 그의 생각에 동의하겠지, “네, 우리는 단지 프리차드 책을 공부하며 압운과 운율을 간단히 배우고, 다른 야망을 이루기 위해 조용히 경영학 공부를 시작해야 해요”라고 생각하면서. 비밀 하나 알려 줄게. 이리 모여 봐. 모여!

KEATING : We don’t read and write poetry because it’s cute. We read and write poetry because we are members of the human race. And the human race is filled with passion.

키팅 : 시가 아름다워서 읽고 쓰는 것이 아니야. 우리는 인류의 일원이기 때문에 시를 읽고 쓰는 거지. 그리고 인류는 열정으로 가득 차 있어.

KEATING : Medicine, law, business, engineering - these are noble pursuits and necessary to sustain life. But poetry, beauty, romance, love - these are what we stay alive.

키팅 : 의학, 법학, 비즈니스, 공학 등은 고귀한 일이고 삶을 유지하는 데 필요해. 하지만 시와 아름다움, 낭만, 사랑은 우리가 삶을 살아갈 수 있는 이유이지.

KEATING: For the quote from Whitman, “Oh me! Oh life! of the questions of these recurring, of the endless trains of the faithless, of cities filled with the foolish, What good amid these, Oh me! O life? Answer. That you are here -

that life exists and identity. That the powerful play goes on, and you may contribute a verse." If the powerful play goes on and you may contribute a verse, What will your verse be?

키팅: 휘트먼의 시를 인용하자면, "오 나여! 오 인생이여! 이 반복되는 질문들, 믿음이 없는 자들의 끝없는 열차, 어리석은 자들로 가득 찬 도시, 이 가운데서 무슨 소용이 있으리오. 오 나여! 오 인생이여? 대답하소서. 당신이 여기 있다는 것, 즉 삶이 존재하고 정체성이 있다는 것. 강력한 연극이 계속된다는 것, 그리고 당신도 한 구절을 기여할 수 있다." 그 강력한 연극이 계속되고 그대도 한 구절을 기여할 수 있다면, 그대의 구절은 무엇이 될까?

3.

《죽은 시인의 사회 Dead Poets Society》가 우리에게 말해주는 것

영화《죽은 시인의 사회 Dead Poets Society》를 통해 작가가 말하고 싶어 하는 것은 무엇인지 생각해보는 시간을 가져봅시다. 이 작품을 통해 작가는 개인의 자유와 창의성의 중요성을 강조하고 있습니다. 학생들이 사회의 기대에 얽매이지 않고 자신의 꿈을 추구하는 것이 얼마나 중요한지를 보여주며, 전통적인 교육 방식에 도전하는 메시지를 전달합니다. 또한, 삶의 의미를 찾고, 진정한 자신이 되기 위한 용기의 필요성을 이야기하고 있습니다.

3.1. 카르페 디엠(Carpe Diem)이란 무엇인가?

"Carpe Diem"은 라틴어로 "현재를 즐겨라" 또는 "오늘을 붙잡아라"라는 의미입니다. 이 문구는 삶의 순간을 소중히 여기고, 미래에 대한 걱정보다는 현재를 최대한 활용하라는 메시지를 전달합니다. 이 장에서 다루고 있는 영화 《죽은 시인의 사회》와 같은 작품에서도 이 주제가 강조되며, 사람들이 자신의 열정을 따르고 삶을 주체적으로 살아가도록 독려합니다. 이 명언은 고대 로마 시인 호라티우스(Quintus Horatius Flaccus)의 시에서 나오는 문구입니다.

"Carpe Diem, quam minimum credula postero." - Horace

→ [영문 번역] "Seize the day, put no trust in tomorrow."
[한글 번역] **"오늘을 붙잡고 내일은 믿지 마라."** - 호라티우스

이 명언은 우리에게 운명에만 의지하지 말고, 현재 우리에게 주어진 시간에 집중하여 주체적인 삶을 살아가라고 권합니다. 인생의 짧고 소중한 순간을 최대한 활용하고, 미래를 과도하게 걱정하기보다는 현재를 즐기고, 삶을 충실히 만끽하라는 의미를 담고 있습니다.

3.2. 라틴의 명언들 Latin Quotes

여기서 자주 인용되는 라틴어 명언들을 좀 더 살펴보겠습니다.

1) Amor Fati

아모르 파티(Amor Fati)는 "운명을 사랑하라"라는 의미의 라틴어 표현으로, 철학자 프리드리히 니체에 의해 널리 알려졌습니다. 이 개념은 삶의 모든 경험, 좋고 나쁜 것들을 포함하여 자신의 운명을 받아들이고 사랑하라는 주장을 담고 있습니다. 즉, 고난과 시련도 삶의 일부로 받아들이고, 이를 통해 성장하고 발전할 수 있다는 긍정적인 태도를 강조합니다. 19세기 독일의 철학자 프리드리히 니체의 사상 가운데 하나인, 자신의 근본 사유로 인정한 영원회귀 사상의 궁극적인 결론이 바로 '아모르 파티'입니다.

2) Bona Fide

"Bona Fide"는 라틴어로 "진실한" 또는 "진정한"이라는 의미를 가지고 있습

니다. 주로 법률이나 비즈니스에서 사용되며, 어떤 거래나 계약이 정직하고 진실하게 이루어졌음을 나타냅니다. 즉, 상대방의 의도나 행동이 성실하다는 것을 강조하는 표현입니다. 진정성과 신뢰가 중요한 상황에서 자주 사용되는 표현입니다.

• 선한 의도의; 진심으로; 진심(good faith)

3) Veritas vos liberabit

"Veritas vos liberabit"는 라틴어로 "진리가 너희를 자유롭게 하리라"는 뜻입니다. 이 문구는 성경 요한복음 8장 32절에 등장하며, 진리를 알게 되면 진정한 자유를 얻을 수 있다는 메시지를 담고 있습니다. 진실을 받아들이고 이해함으로써, 사람들은 억압에서 벗어나고 더 나은 삶을 살 수 있다는 의미로 해석됩니다.

"진리가 그대를 자유롭게 하리라" (요한복음 8장 32절)

The truth will set you free.

4) Faber est suae quisque fortunae

"Faber est suae quisque fortunae"는 라틴어로 "모든 사람은 자신의 운명을 개척하는 장인입니다(Every man is the artisan of his own fortune.)."라는 의미입니다. 이 표현은 각자가 자신의 삶과 운명을 스스로 만들어갈 수 있다는 메시지를 담고 있습니다. 즉, 외부의 환경이나 상황에 의존하기보다는 자신의 선택과 행동을 통해 운명을 형성한다는 것을 강조합니다.

"운명을 만드는 사람은 그 자신이다."

- 아피우스 클라우디우스 카에쿠스: 로마의 정치가, 법률전문가, 작가

Every man is the artisan of his own fortune. Appius Claudius Caecus

5) Mens sana in corpore sano

"Mens sana in corpore sano"는 라틴어로 "건강한 몸에 건강한 정신이 있다"라는 의미입니다. 이 표현은 신체적 건강과 정신적 건강이 서로 연결되어 있다는 것을 강조합니다. 즉, 건강한 신체는 올바른 사고와 정신적 웰빙을 촉진하며, 균형 잡힌 삶을 추구하는 데 있어 중요한 가치로 여겨집니다.

정리하면, 현재를 소중히 여기고 순간을 즐기라는 메시지(Carpe Diem), 운명을 받아들이고 사랑하라는 긍정적인 태도(Amor Fati), 진정성과 신뢰의 중요성을 강조(Bona Fide), 진리가 자유를 가져다준다는 믿음(Veritas vos liberabit), 자신의 운명을 스스로 만들어갈 수 있다는 자기 주도성(Faber est suae quisque fortunae), 신체적 건강과 정신적 건강의 균형이 중요하다는 메시지(Mens sana in corpore sano)이다. 이 라틴어 인용문들은 우리가 어떻게 살아가야 하는지를 고민하게 하고, 긍정적인 삶의 태도를 갖추도록 격려하며, 삶의 다양한 측면에 대한 깊은 통찰을 제공합니다.

여러분은 이 중 어떤 메시지가 가장 와 닿나요? 어떤 순간을 가장 소중히 여기고 싶으신가요? 어떤 운명에 대해 사랑할 수 있을까요? 어떤 진정한 관계를 가장 소중하게 생각하시나요? 어떤 진리가 여러분을 자유롭게 했다고 생각하시나요? 어떤 선택이 여러분의 운명을 변화시켰다고 생각하시나요? 어떤 활동으로 건강을 유지하고 있나요? 이러한 질문들에 대한 답을 찾으며, 함께 진지하게 고민해보는 시간을 가져봅시다.

3.3. '동기부여'에 관한 영화 Films about Motivation

《10월의 하늘 October Sky》 (1999)

Director: Joe Johnston
Starring: Jake Gyllenhaal
Official Trailer #1 - (1999) HD

https://youtu.be/zxJQgYPXjN4

영화 《10월의 하늘 October Sky》(1999)은 탄광촌을 배경으로 실존 인물들이 등장하는 이야기로, 호머 히컴 주니어(Homer Hickam Jr.)가 1998년 『로켓 보이즈 Rocket Boys』라는 제목으로 처음 출간한 4부작 회고록 시리즈의 첫 번째 작품입니다. 이후 1999년 영화 각색판과 연계하여 《10월의 하늘 October Sky》이라는 제목으로 여러 편이 출간되었습니다. 조 존스톤(Joe Johnston) 감독의 작품으로, 제이크 질렌할(Jake Gyllenhaal)이 주연을 맡고 있습니다. 이 영화는 1950년대 미국 웨스트버지니아의 작은 탄광 마을을 배경으로, 로켓 과학에 대한 꿈을 가진 소년인 호머(제이크 질렌할 분)의 이야기를 담고 있습니다. 그는 아버지의 기대와 사회적 제약에 맞서 자신의 꿈을 이루기 위해 노력하며, 친구들과 함께 로켓을 발사하는 프로젝트에 참여합니다. 이 영화는 꿈을 추구하는 용기와 가족 간의 갈등을 다루며, 감동적인 성장 이야기를 전합니다.

《스쿨 오브 락 The School of Rock》(2003)

Director: Richard Linklater
Starring: Jack Black
Official Trailer
https://youtu.be/5afGGGsxvEA

《스쿨 오브 락 The School of Rock》(2003)은 Richard Linklater 감독의 코미디 영화로, Jack Black이 주연을 맡고 있습니다. 이 영화는 음악에 열정을 가진 실패한 록 뮤지션 듀웨인(잭 블랙 분)이 친구의 이름으로 초등학교 교사로 위장해 가르치게 되는 이야기를 다룹니다. 그는 학생들에게 록 음악을 가르치고, 그들의 잠재력을 발견하게 하며, 결국 밴드를 결성해 경연대회에 출전하는 과정을 그립니다. 유머와 감동이 어우러진 이 영화는 음악의 힘과 진정한 자신을 발견하는 과정을 보여줍니다.

《프리덤 라이터스 Freedom Writers》 (2007)

Director: Richard LaGravenese
Starring: Hilary Swank

Official Trailer!
https://youtu.be/Hbjiw9EP4HQ

> 《프리덤 라이터스 Freedom Writers》(2007)는 Richard LaGravenese 감독의 감동적인 드라마 영화로, Hilary Swank가 주연을 맡고 있습니다. 이 영화는 1990년대 미국의 로스앤젤레스에 있는 고등학교에서 가르치는 열정적인 교사 에린 그루웰(힐러리 스웽크 분)의 실화를 바탕으로 합니다. 그녀는 다양한 배경을 가진 학생들과의 갈등 속에서도, 그들에게 글쓰기와 자기표현의 중요성을 가르치며 서로의 이야기를 나누도록 돕습니다. 이 과정에서 학생들은 자신의 경험과 상처를 공유하고, 서로 이해하게 되며 성장하게 됩니다. 이 영화는 교육의 힘과 사회적 갈등을 극복하는 이야기를 담고 있습니다.

여기서 살펴본 영화들, Dead Poets Society, October Sky, The School of Rock, Freedom Writers의 공통된 주제는 "개인적 성장과 자기 발견"입니다. 이 작품들의 주인공들은 사회적 제약과 갈등 속에서 자신의 꿈과 열정을 추구하며, 이를 통해 주변 사람들과의 관계를 발전시키고 자기 정체성을 찾아가는 과정을 그립니다. 이 과정에서 교육의 힘과 진정한 자아를 찾는 것의 중요성을 강조하는 메시지가 담겨 있습니다.

>> 정리하기

연습문제

1 다음 인물에 대한 설명 중 잘못된 것을 고르세요.

① Peter Weir is an Australian film director.

② Thomas Schulman is an American screenwriter.

③ Robin Williams was a British actor and comedian.

④ Robin Williams committed suicide in 2014.

정답 ③

해설 Robin Williams was an American actor and comedian.

2 다음 중 Dead Poets Society의 내용과 거리가 먼 것을 고르세요.

① The film is set in 1989 at the Welton Academy.

② The Welton Academy is a virtual elite conservative Vermont boarding school.

③ It tells the story of an English teacher who inspires his students through his teaching of poetry.

④ Students read classic poems together and feel what "true life" is.

정답 ①

해설 The film is set in 1959 at the Welton Academy, a virtual elite conservative Vermont boarding school.

3 다음 중 영화 속 Keating 선생이 말한 내용과 거리가 먼 것을 고르세요.

① "The Latin term for that sentiment is "Carpe diem."

② "Medicine, law, business, engineering are not necessary in life."

③ "The world is their oyster."

④ We read and write poetry because we are members of the human race.

정답 ②

해설 "Medicine, law, business, engineering – these are noble pursuits and necessary to sustain life."

키워드

1. Dead Poets Society
2. John Keating
3. Carpe Diem
4. Seize the Day
5. Robin Williams
6. Peter Weir
7. Thomas Schulman
8. Vermont boarding school, Welton Academy

06

[Film] James Ivory, The Remains of the Day

[영화] 제임스 아이보리, 남아있는 나날

이 장에서는 영화감독 James Ivory의
삶과 그의 영화 경력을 조망하며,

그의 주요 작품 중 하나인
《남아있는 나날 The Remains of the Day》의 명대사를 통해

'전문성'의 의미를 깊이 탐구합니다.

또한, 전문성이 인간의 품격과 도덕성과
어떻게 연결되는지를 논의합니다.

James Ivory는 영화감독으로서의 삶을 통해 예술과 인간성을 탐구해왔습니다. 그의 작품들은 깊이 있는 이야기와 섬세한 인물 묘사로 유명하며, 특히 《남아있는 나날 The Remains of the Day》와 같은 영화는 그의 경이로운 감독 기술을 잘 보여줍니다. Ivory의 삶은 단순히 영화 제작에 국한되지 않고, 문화와 역사에 대한 깊은 이해를 바탕으로 한 창작 활동으로 이어졌습니다. 그의 영화는 관객들에게 삶의 복잡성을 느끼게 하고, 그 속에서 인간관계의 중요성을 되새기게 합니다. The Remains of the Day에서 남긴 명대사들은 영화의 주제를 더욱 부각시킵니다. "But let me say this what you describe as 'amateurism' is what I think most of us here still prefer to call 'honour'."라는 대사는 전문성과 진정성의 갈림길을 보여줍니다. 이 대사는 '아마추어리즘'을 비판하는 시각에 대해 화자가 그것을 '명예'로 재정의하며, 진정한 가치와 윤리를 중시하는 태도를 강조합니다. 즉, 사회적 규범이나 성공 기준보다 개인의 가치와 도덕성을 우선시하는 메시지를 전달합니다. 이러한 명대사는 단순한 대사를 넘어, 우리에게 삶의 의미와 선택의 중요성을 일깨워주는 강력한 메시지를 제공합니다.

이 영화를 통해 제시되는 '전문성(professionalism)'에 대해 깊이 생각해보면, 진정한 전문성이란 단순한 기술이나 지식을 넘어서, 도덕적 가치와 개인의 품위를 지키는 것임을 알 수 있습니다. 영화 The Remains of the Day는 전문성이 어떻게 개인의 삶에 영향을 미치는지를 잘 보여줍니다. 주인공 스티븐스는 직업적 의무를 최우선으로 삼았지만, 그로 인해 자신이 진정 원하는 삶을 놓치게 됩니다. 이는 전문성이 때로는 인간성을 희생할 수 있음을 경고하는 메시지로 해석할 수 있습니다. 결국, 우리는 전문성을 추구하면서도 인간적인 가치를 잃지 않는 균형을 찾아야 할 것입니다.

이처럼 James Ivory의 작품 The Remains of the Day는 우리에게 중요한 교훈을 남깁니다. 삶과 직업에서의 진정한 전문성은 단순한 기술적 능력이 아니라, 인간적인 관계와 품위를 중시하는 데서 비롯된다는 사실을 다시 한 번 상기시킵니다.

1.

개요

1.1. 영화《남아있는 나날 The Remains of the Day》

영화《남아있는 나날 The Remains of the Day》(1993)의 주요 장면을 통해 등장인물들의 내면적 갈등과 그들의 선택이 가져오는 복잡한 감정을 깊이 탐구하며 전체 내용을 이해해봅시다.

《남아있는 나날 The Remains of the Day》은 Kazuo Ishiguro의 1989년 부커상 수상작인 동명 소설을 원작으로 제작된 영미 드라마 영화입니다. 제임스 아이보리(James Ivory)가 감독을 맡았으며, Ruth Prawer Jhabvala와 Harold Pinter가 각본을 썼습니다. Ismail Merchant, Mike Nichols, John Calley가 제작에 참여했으며, Anthony Hopkins가 주인공 스티븐스(Stevens) 역을 맡고, Emma Thomson이 미스 켄튼(Miss Kenton) 역을 맡아 열연합니다. 또한, James Fox, Christopher Reeve, Peter Vaughan, Hugh Grant, Ben Chaplin, Lena Headey 등 다양한 배우들이 조연으로 출연하여 작품의 깊이를 더합니다. 영화의 러닝타임은 134분입니다.

이 영화는 아카데미에서 최우수 작품상, 남우주연상(Anthony Hopkins), 여우주연상(Emma Thomson), 최우수 각색상(Ruth Prawer Jhabvala) 등 8개 부문에 후보로 올라 큰 주목을 받았습니다. 1999년 영국영화연구소(British Film Institute)는 The Remains of the Day를 20세기 영국 영화 64위로 선정했습니다.

James Francis Ivory 감독은 1928년에 태어난 미국의 저명한 영화감독, 프로듀서, 시나리오 작가입니다. 그의 대표작으로는 A Room with a View(1985), Maurice(1987), Howards End(1992), The Remains of the Day(1993) 등이 있습니다. 또한, 그가 각본과 제작을 맡은 Call Me by Your Name(2017)은 아카데미상, 영국영화아카데미상(Bafta), 미국작가길드상, 비평가들이 선정한 상, 스크립터 상 등에서 각색상을 수상하며 뛰어난 업적을 남겼습니다. 89세에 오스카상과 Bafta상을 수상한 Ivory 감독은 모든 부문에서 최고령 수상자로 기록되었습니다.

1.2. 소설 *The Remains of the Day*

소설 『남아있는 나날 *The Remains of the Day*』(1989)은 노벨문학상 수상자인 영국 작가 가즈오 이시구로(Kazuo Ishiguro)의 1989년 작품으로, 깊이 있는 이야기와 감성을 담고 있는 소설입니다. 주인공 스티븐스는 영국 옥스퍼드 근처의 고풍스러운 저택 달링턴 홀에서 오랜 세월 동안 헌신적으로 봉사해온 집사입니다. 1956년, 그는 옛 동료를 만나기 위해 여행을 떠나고 1920년대와 1930년대에 달링턴 홀에서 있었던 사건들을 회상합니다. 이 작품은 1989년 부커상 소설 부문에서 영예롭게 수상했습니다. 이 소설을 원작으로 하여 1993년 앤서니 홉킨스와 엠마 톰슨이 주연으로 출연한 영화는 아카데미상에서 8개 부문 후보로 올랐습니다.

가즈오 이시구로(1954년 11월 8일 출생)는 영국의 소설가, 시나리오 작가, 음악가, 단편 소설가로, 일본 나가사키에서 태어나 1960년 다섯 살 때 부모님과 함께 영국으로 이주했습니다.

2.

The Remains of the Day
- 영문 텍스트 듣고, 읽고, 이해하기

아래 유튜브 사이트를 방문하여 연설을 듣고, 아는 단어나 표현을 적어보세요. 그런 다음, 전체 텍스트를 함께 읽어봅시다.

2.1. The Remains of the Day – Room of Amateurs

The Remains of the Day (3/8) Movie CLIP
- Room of Amateurs (1993) HD

<영상 출처> https://youtu.be/2Jq7xgVqPYA

Mr. Lewis: Lord Darlington hmm Lord Darlington is a classic English gentleman of the old school. Decent and honorable and well-meaning. So are all of you here all decent and honorable and well-meaning gentlemen. It's been a pleasure and a privilege for me to visit with you here. But no excuse me I have to say this. You are all of you amateurs and international affairs should never be run by gentlemen amateurs.

루이스씨: 달링턴 경, 달링턴 경은 구시대의 고전적인 영국 신사입니다. 품위 있고 명예롭고 선의의 신사입니다. 여기 계신 여러분도 모두 품위 있고 명예롭고 선량한 신사분들입니다. 여러분과 함께 이곳을 방문하게 되어 기쁘고 영광입니다. 하지만 이 말은 꼭 해야겠습니다. 여러분은 모두 아마추어이며 국제 문제는 결코 아마추어 신사들에게 맡겨져서는 안 됩니다.

Do you have any idea of what sort of a place the world is becoming all around you? The days when you could just act out of your noble instincts are over. Europe has become the arena of realpolitik the politics of reality if you like real politics and what you need is not gentlemen politicians but real ones. You need professionals to run your affairs go ahead for disaster. So I propose a toast, gentlemen, to the professionals.

여러분을 둘러싼 세상이 어떤 곳으로 변해가고 있는지 알고 있나요? 고매한 천성에 따라 행동할 수 있었던 시대는 끝났습니다. 유럽은 현실 정치의 장이 되었고, 여러분에게 필요한 것은 신사 정치인이 아니라 현실 정치인입니다. 재난에 대비해 국정을 운영하려면 전문가가 필요합니다. 그래서 저는, 신사 여러분, 전문가들을 위해 건배를 제안합니다.

(Mr. Stevens)

Lord Darlington: "Well, I've no wish to enter into a quarrel on this our last evening together. But let me say this what you describe as 'amateurism' is what I think most of us here still prefer to call 'honour.' (Mr. Stevens, knowing your father...) And I suggest that your professionalism means greed and power rather than (the desire) to see justice and goodness prevail in the world. I have never concealed from myself that what we were asking of Germany is a complete break from the tradition of this country. Thank you." [Applause]

달링턴 경: "저는 우리가 함께한 마지막 저녁에 다툼을 원하지 않습니다. 하지만 선생님께서 '아마추어리즘'이라고 표현하신 것은, 여기 있는 우리 대부분은

'명예'라는 단어로 표현하고 싶어 한다고 생각합니다. (스티븐스 씨, 당신 아버님의 상태를 알고 계시니 ...) 또한, 제가 제안하는 것은 당신이 말하는 프로정신(전문성)은 세상에서 정의와 선함의 승리를 바라기보다는 탐욕과 권력을 의미한다는 것입니다. 저는 우리가 독일에 요구하는 것이 이 나라의 전통으로부터의 완전한 단절임을 결코 숨기지 않았습니다. 감사합니다." [박수]

주요 단어와 표현들

- a classic English gentleman: 전형적인 영국 신사
- well-meaning: 선한, 마음씨 좋은
- noble instincts: 고매한 천성
- realpolitik: (독어) 현실정치
- let me make a toast: 건배합시다; 건배를 제의합니다.
- amateurism: 아마추어 솜씨
- professionalism: 전문가
- honour: 명예
- greed: 탐욕; 욕심
- goodness: 선량함

3.

The Remains of the Day가 우리에게 말해주는 것

『남아있는 나날 *The Remains of the Day*』 작품을 통해 작가가 말하고 싶어 하는 '전문성(professionalism)'의 의미에 대해 좀 더 깊이 생각해보는 시간을 가져봅시다. 또한, 전문성이 인간의 품격과 도덕성과 어떻게 연결되는지를 논의해봅시다.

3.1. '전문성'에 대한 정의 Definition of Professionalism

우선, '전문성'이란 무엇인지 하나의 문장으로 정의해보세요. 그리고 왜 그렇게 생각하는지 이유를 적어보세요. 예를 들면, '전문성'이란 특정 분야에서 높은 수준의 지식과 기술을 바탕으로 책임감 있게 행동하며, 윤리적 기준을 준수하는 태도를 의미합니다. 그렇게 생각하는 이유는 전문성이 개인의 능력과 신뢰성을 높이고, 사회와 직장에서의 긍정적인 이미지와 관계를 형성하는 데 중요한 역할을 하기 때문입니다.

이러한 '전문성'의 사례를 잘 보여주는 예로, 소설 『남아있는 나날 *The Remains of the Day*』의 다음 지문을 살펴봅시다. '집사(butler)'라는 직업에 대한 설명을 이해하며, 영국인의 성격과 특성에 대해 깊이 생각해봅시다. 이를 통해 등장인물의 행동과 가치관이 영국 문화와 어떻게 연결되는지를 탐구할 수 있을 것입니다.

3.2. '집사'에 대한 정의: 『남아있는 나날』

Definition of Butler:
The Remains of the Day (1989)

It is sometimes said that butlers only truly exist in England. Other countries, whatever title is actually used, have only manservants. I tend to believe this is true. Continentals are unable to be butlers because they are as a breed incapable of the emotional restraint which only the English race is capable of. Continentals — and by and large the Celts, as you will no doubt agree — are as a rule unable to control themselves in moments of strong emotion, and are thus unable to maintain a professional demeanour other than in the least challenging of situations. If I may return to my earlier metaphor — you will excuse my putting it so coarsely — they are like a man who will, at the slightest provocation, tear off his suit and his shirt and run about screaming. In a word, 'dignity' is beyond such persons. We English have an important advantage over foreigners in this respect and it is for this reason that when you think of a great butler, he is bound, almost by definition, to be an Englishman.

집사는 영국에만 진짜로 존재한다는 말이 있습니다. 다른 나라에서는 실제로 어떤 직함을 사용하든 하인만 있습니다. 저는 이것이 사실이라고 믿는 편입니다. 대륙에 살고 있는 유럽인들은 영국인만이 할 수 있는 감정의 절제가 불가능한 종족이기 때문에 집사가 될 수 없습니다. 유럽인들은 — 그리고 대체로 켈트족은, 의심할 여지없이 동의하겠지만 — 감정이 격해지는 순간에 자신을 통제하지 못하기 때문에 가장 어려운 상황 외에는 프로다운 태도를 유지할 수 없는 것이 일반적입니다. 앞서 비유로 돌아가서 — 너무 거칠게 표현한 것을 용서해 주시기 바랍니다 — 그들은 조금만 도발해도 양복과 셔츠를 찢고 소리를 지르며 뛰어다니는 사람과 같습니다. 한마디로 '품위'라는 단어는 그들에게 어울리지 않습니다. 이 점에서 우리 영국인은 외국인에 비해 중요한 이점을 가지고 있으며, 이러한 이유로 훌륭한 집사를 생각할 때 그는 거의 정의상 영국인이 될 수밖에 없습니다.

주요 단어와 표현들

- butler: 귀족 저택의 집사장; 전문직
- manservant: 남자 하인; 허드렛일을 하는 사람
- Continentals: 대륙에 살고 있는 유럽인들
- breed: 종족; 혈통
- by and large: 전반적으로, in all respects
- as a rule: 보통 usually

• demeanour: 품행; (behaviour; conduct)
• putting ~ so coarsely: ~을 너무 거칠게 말하는 것에 대해
• at the slightest provocation: 아무 이유 없이; 사소한 일로
• tear off ~: ~을 찢다
• is beyond such persons: (dignity)란 단어가 그런 사람들에게 어울리지 않는다
• in this respect: 이점에 있어서
• is bound to ~: 틀림없이 ~하게 되어 있다

3.3. '전문성'과 관련된 단어들

professionalism 전문성; 프로정신	We were impressed by the professionalism of the staff. 저희는 직원들의 전문성에 깊은 인상을 받았습니다.
amateurism 비전문가; 아마추어	"What you describe as 'amateurism,' sir, is what I think most of us here still prefer to call 'honour'." "선생님께서 '아마추어리즘'이라고 표현하신 것은, 여기 있는 우리 대부분은 '명예'라는 단어로 표현하고 싶어 한다고 생각합니다."
yuppies 여피족(young, upward professionals)	Local yuppies flocked to get nose and eye jobs. 코와 눈 성형 수술을 받기 위해 현지 요우커들이 몰려들었습니다. 〈도시에 사는 젊고 세련된 고소득 전문직 종사자들을 일컫는 용어이다.〉
bobos 보보스족(Bourgeois Bohemians)	In the book, the Bobos work in media, advertising or music. 이 책에서 보보스는 미디어, 광고 또는 음악 분야에서 일합니다. 〈부르주아의 물질적 실리와 보헤미안의 정신적 풍요를 동시에 누리는 미국의 새로운 상류계급으로서 1990년대의 젊은 부자를 상징하는 용어이다.〉
yawns 욘족(young and wealthy but normal)	"The yawns, young and wealthy but normal, prefer to enjoy life without the extravagance that often comes with their financial success." "젊고 부유하지만 평범한 이들은 재정적 성공에 따른 사치 없

	이 삶을 즐기는 것을 선호합니다." 〈욘족은 젊고 부유하지만 평범한 삶을 추구하는 사람들을 지칭하는 용어입니다. 이들은 수천만 달러 이상의 재산을 상속받지 않고 자신의 노력으로 획득했지만, 사치스러운 생활은 멀리하는 특징이 있습니다.〉
dinkies 딩키족(dual income, no kids)	There used to be Dinkies, what is it, double income no kids. 예전에는 딩키스가 있었지, 맞벌이에 아이도 없는. Forget the yuppies (young, upward professionals) and dinkies (dual income, no kids) of the eighties and nineties. 80년대와 90년대의 여피족(젊고 상류층 전문직 종사자)과 딩크족(맞벌이, 자녀 없음)은 이제 잊어버리세요.
deterioration 악화; (가치의) 하락; 저하; 퇴보	Inadequate technical expertise leads to deterioration in product quality. 부족한 기술 전문성은 제품 품질 저하로 이어집니다.

연습문제

1 다음 중 영화 The Remains of the Day 속 영국인의 특징을 나타내는 단어와 거리가 먼 것을 고르세요.

① power ② decent
③ honourable ④ well-meaning

정답 ①
해설 emotional restraint(감정의 절제); dignity(품위)

2 Kazuo Ishiguro의 소설 *The Remains of the Day*에서 소개하고 있는 영국인의 특성을 잘 보여주는 직업을 고르세요.

① manservant ② politician
③ butler ④ businessman

정답 ③
해설 소설 The Remains of the Day에서 butler에게 요구되는 주된 덕목은 "emotional restraint(감정의 절제)"라고 언급하고 있습니다.

3 다음 중 Kazuo Ishiguro와 관련이 없는 것을 고르세요.

① British novelist ② Screenwriter
③ Musician ④ Actor

정답 ④
해설 가즈오 이시구로 경은 영국의 소설가, 시나리오 작가, 음악가, 그리고 단편 소설가입니다.
Sir Kazuo Ishiguro is a British novelist, screenwriter, musician, and short-story writer.

키워드

1. The Remains of the Day
2. James Ivory
3. Amateurism
4. Professionalism
5. Honour
6. Butler
7. Anthony Hopkins
8. Emma Thomson

07

[Novel] Charles Dickens, *Great Expectations*

[소설] 찰스 디킨즈, 『위대한 유산』

이 장에서는 영국의 작가 Charles Dickens의
삶과 작품 배경을 살펴보고,

그의 주요 작품 중 하나인
소설 『위대한 유산 *Great Expectations*』의 명문장을 읽어봅니다.

소설 속 주요 인물들의 행동과 감정을 분석하여 인간의
복잡한 심리를 깊이 있게 탐구하고자 합니다.

또한, 소설 제목 '위대한 유산'이 담고 있는
의미를 곰곰이 생각해보며, 그 안에 숨겨진 삶의 교훈과 가치에
대해 깊이 고민해보는 시간을 갖고자 합니다.

찰스 디킨스(Charles Dickens)는 19세기 영국을 대표하는 소설가로, 그의 삶과 작품은 당시 사회의 다양한 문제를 반영하고 있습니다. 디킨스의 아버지는 해군 급여사무소에서 일했으며, 1809년 여름 신부 엘리자베스를 잉글랜드 남부의 항구도시 포츠머스(Portsmouth)로 데려와 첫 신혼집을 꾸몄습니다. 그곳에서 1812년, 찰스 존 허팸 디킨스(필명 Boz)가 태어났습니다.

디킨스는 어린 시절 가난과 역경을 겪으며 성장하였고, 이러한 경험은 그의 작품에 깊은 영향을 미쳤습니다. 그는 사회적 불평등, 아동 노동, 그리고 인간의 도리를 주제로 한 이야기를 창작하는 데 기여했으며, 그의 대표작들은 인간 존재의 복잡성과 사회적 이슈를 탐구합니다. 이러한 작품들은 독자들에게 깊은 감동과 교훈을 제공합니다. 디킨스는 빅토리아 시대 최고의 영국 소설가이자 사회운동가로 평가받으며, 영어로 작품을 쓴 가장 위대한 작가 중 한 명으로 자리매김하고 있습니다. 그의 풍부한 스토리텔링과 기억에 남는 캐릭터들은 전 세계적으로 큰 인기를 끌었습니다.

특히, 소설 『위대한 유산 *Great Expectations*』은 주인공 핍(Pip)의 성장과 자아 발견을 통해 인간의 기대와 꿈이 어떻게 형성되고 변화하는지를 잘 보여줍니다. 소설 제목인 '위대한 유산'은 핍이 기대하는 막대한 재산을 의미하지만, 소설 전반에 걸쳐 등장하는 진정한 유산의 의미는 단순히 물질적인 부를 넘어선 다양한 가치들을 포괄합니다.

핍의 여정을 통해 우리는 '기대'가 어떻게 우리의 삶을 형성하고, 때로는 실망으로 이어질 수 있는지를 깨닫게 됩니다. 따라서 '위대한 유산'은 우리가 가지는 꿈과 그것을 이루기 위한 과정에서의 성장이 얼마나 중요한지를 상기시켜 주는 제목입니다.

결론적으로, 찰스 디킨스의 삶과 작품은 그 시대의 사회적 현실을 반영하며, 소설 『위대한 유산』은 핍의 성장 과정을 통해 돈으로 살 수 없는 인간관계, 도덕적 가치, 그리고 진정한 행복의 의미를 탐구합니다. 즉, 핍이 기대했던 막대한 유산이 과연 그에게 진정한 행복과 만족을 가져다주는지, 그리고 진정한 유산이 무엇인지에 대한 질문을 던집니다.

1.

개요

1.1. 소설 『위대한 유산 *Great Expectations*』

소설 『위대한 유산』을 읽고 등장인물들의 내면적 갈등과 그들의 선택이 가져오는 복잡한 감정을 깊이 탐구하며 전체 내용을 이해해봅시다.

『위대한 유산』은 찰스 디킨스의 작품으로, 1861년에 출판되었습니다. 이 소설은 반자전적 형식으로 구성되어 있으며, 고아 핍(Pip)의 어린 시절부터 성인이 되기까지의 삶을 세밀하게 추적하는 이야기를 담고 있습니다. 핍의 성장 과정과 그가 마주치는 다양한 인물들을 통해 인간 존재의 본질과 사회적 계급에 대한 깊은 통찰을 제공합니다.

Great Expectations is a novel by Charles Dickens It was published in 1861. It is written in a semi-autobiographical style, and is the story of the orphan Pip, tracing his life from his early days of childhood until adulthood.

<출처> *Great Expectations* by Charles Dickens. Oxford Bookworms Library, Stage 5, Oxford University Press

1.2. 빅토리아 시대 The Victorian Era (1837–1901)

영국 빅토리아 시대는 영국 산업혁명의 절정기이자 대영제국의 황금기를 의미하는 시기입니다. 일반적으로 1837년부터 1901년까지 빅토리아 여왕의 통치 기간을 가리키며, 이 시기는 사회, 경제, 문화의 다양한 변화와 발전이 일어난 중요한 역사적 시점으로 평가받고 있습니다.

The Victorian era of the United Kingdom marked the height of the British Industrial Revolution and the apex of the British Empire. It commonly used to refer to the period of Queen Victoria's rule between 1837 and 1901.

<출처> https://en.wikipedia.org/wiki/Queen_Victoria

2.

영문 텍스트 읽기
- 소설 『위대한 유산 *Great Expectations*』

소설 『위대한 유산』의 주요 등장인물들을 만나보고, 영문 텍스트를 함께 읽어봅시다.

2.1. 소설 『위대한 유산』의 주요 등장인물들

Main characters in *Great Expectations*

- Pip is an orphan and the protagonist and narrator of *Great Expectations.*
  핍은 고아이며, 『위대한 유산』의 주인공이자 내레이터입니다.
- Estella is very beautiful. She is adopted by Miss Havisham.
  에스텔라는 매우 아름답습니다. 그녀는 하비샴 부인에게 입양되었습니다.
- Miss Havisham is old and rich. She hates men.
  하비샴 부인은 늙고 부자에요. 그녀는 남자를 싫어합니다.
- Abel Magwitch is a convict who escapes from a prison ship.
  아벨 매그위치는 감옥선에서 탈출한 죄수입니다.

- Joe Gargery is Pip's brother-in-law and his first father figure.
  조 가저리는 핍의 매부이자, 그의 첫 번째 아버지와 같은 존재입니다.
- Mrs Gargery is Joe's wife and Pip's sister.
  가저리 부인은 조의 아내이자 핍의 누나입니다.
- Biddy is Mr Wopsle's young cousin and near Pip's age.
  비디는 웝슬 씨의 어린 사촌으로, 핍과 비슷한 또래입니다.
- Herbert Pocket is Matthew Pocket's son. He becomes Pip's best friend in London.
  허버트 포켓은 매튜 포켓의 아들입니다. 그는 런던에서 핍의 가장 친한 친구가 됩니다.

이 인물들은 각기 다른 배경과 성격을 지니고 있으며, 핍의 성장과 그의 '위대한 유산'을 이루기 위한 여정에서 중요한 역할을 합니다. 이러한 등장인물 간의 관계와 갈등은 소설의 주제를 더욱 풍부하게 하고, 깊이 있는 탐구를 가능하게 합니다.

2.2. 영문 텍스트 읽기

The story introduction on the first page (첫 페이지 스토리 소개)

It is a great human weakness to wish to be the same as our friends. If they are rich, we wish to be rich. If they are poor, then we don't mind being equally poor. We are not ashamed of being stupid, we are only ashamed of being more stupid than our friends. It is a matter of comparison.

친구와 똑같아지기를 바라는 것은 인간의 큰 약점입니다. 그들이 부유하면 우리도 부자가 되고 싶어 합니다. 그들이 가난하다면 우리는 똑같이 가난해도 상관없습니다. 우리는 어리석은 것을 부끄러워하는 것이 아니라, 단지 친구들보다 더 어리석다는 것을 부끄러워합니다. 그것은 비교의 문제입니다.

It is also a matter of expectation. We don't miss things that we never expected to have. We are not disappointed at being poor if we never expected to be rich.

또한 기대치에 관한 문제입니다. 우리는 애초부터 가질 수 있을 거라고 기대하지 않은 것들을 동경하지 않습니다. 부자가 될 거라고 기대하지 않았던 사람들은 가난하다고 해서 실망하지 않습니다.

Pip is poor and uneducated, but so are his friends. For them, this is normal; this is what life is like. But when Pip is told that he has '*great expectations*', he becomes dissatisfied. He is ashamed of his friends, and he is ashamed of himself. His expectations are in danger of ruining his life.

핍은 가난하고 교육도 받지 못했지만, 그의 친구들도 마찬가지입니다. 그들에게는 이것이 정상이며, 이러한 삶이 당연한 것으로 여겨지죠. 하지만 핍이 '위대한 유산'을 가질 거라는 말을 듣게 되자 만족하지 못하게 됩니다. 친구들을 부끄러워하고, 스스로를 부끄러워하게 됩니다. 그의 높아진 기대치는 그의 삶을 위태롭게 만들고, 자칫하면 모든 것을 망가뜨릴 위험에 빠트립니다.

<출처> *Great Expectations* by Charles Dickens. Oxford Bookworms Library, Stage 5, Oxford University Press

- Topic sentence

  His expectations are in danger of ruining his life.

- Useful expressions

  - We are not ashamed of being stupid. ~에 대해 부끄러워하다.

- It is a matter of comparison/expectation. (그것은) 비교 / 기대의 문제이다.
- We <u>are</u> not <u>disappointed at</u> being poor if we never expected to be rich. ~에 대해 실망하다.

Back cover text (뒷표지 텍스트)

In a gloomy, neglected house Miss Havisham sits, as she has sat year after year, in a wedding dress and veil that were once white, and are now faded and yellow with age. Her face is like a death's head; her dark eyes burn with bitterness and hate.

침울하고 방치된 집에서 하비샴 부인은 한때는 흰색이었지만 이제는 빛바래고 누렇게 변색된 웨딩드레스와 베일을 쓴 채 해마다 그랬던 것처럼 앉아있습니다. 그녀의 얼굴은 죽은 송장 같고, 검은 눈동자는 비통함과 증오로 불타고 있습니다.

By her side sits a proud and beautiful girl, and in front of her, trembling with fear in his thick country boots, stands young Pip.

그녀의 곁에는 당당하고 아름다운 소녀가 앉아 있고, 그 앞에는 두꺼운 시골 장화를 신고 두려움에 떨고 있는 어린 핍이 서 있습니다.

Miss Havisham stares at Pip coldly, and murmurs to the girl at her side: 'Break his heart, Estella. Break his heart!'

하비샴 부인은 핍을 싸늘하게 쳐다보며 옆에 있는 소녀에게 속삭입니다. '저 애의 마음을 아프게 해라, 에스텔라. 저 애의 마음을 아프게 해!'

<출처> *Great Expectations* by Charles Dickens. Oxford Bookworms Library, Stage 5, Oxford University Press

- Topic sentence

  'Break his heart, Estella. Break his heart!'

- Useful expressions

  - as she has sat year after year, in a wedding dress and veil that were once white, and are now faded and yellow with age

    주로 문장의 앞에 위치하여 원인이나 이유를 나타내며, '~하여서', '~이므로', '~ 때문에 (=because)'와 같은 의미로 사용됩니다.

  - Her face is like a death's head.

    여기서 'like'는 '~와 같은'의 의미를 나타내는 전치사입니다.

    예, "Stars are like diamonds. (별은 다이아몬드 같다.)"

A paragraph of text (본문 텍스트)

'Never, Estella! You are part of myself. You are in every line I've read, in every view I've seen, in every dream I've dreamt. To the last hour of my life, you will remain part of me. God bless you and God forgive you!'

'절대 안 돼, 에스텔라! 당신은 내 삶의 일부에요. 내가 읽은 모든 구절, 내가 본 모든 풍경, 내가 꾼 모든 꿈속에 당신이 있습니다. 내 생의 마지막 순간까지 당신은 내 몸의 일부로 남을 거예요. 신의 축복과 신의 용서가 있기를!'

<출처> *Great Expectations* by Charles Dickens. Oxford Bookworms Library, Stage 5, Oxford University Press

3.

『위대한 유산 *Great Expectations*』이 우리에게 말해주는 것

소설 『위대한 유산』을 통해 작가가 말하고 싶은 것은 무엇일까요? 소설 제목인 '위대한 유산'이란 무엇을 의미하는 걸까요? 함께 생각해보는 시간을 가져 봅시다.

3.1. '위대한 유산'에 대한 정의

찰스 디킨즈의 소설 『위대한 유산』에서 작가는 위대한 유산이란 물질적인 것보다 인간의 관계와 도덕적 가치에 있음을 강조하고 있습니다. 주인공 핍은 부와 지위를 추구하는 과정에서 진정한 사랑과 우정의 중요성을 깨닫게 되며, 결국 진정한 유산은 사람들과의 관계, 사랑, 그리고 자신의 정체성을 찾는 것임을 보여줍니다.

이처럼 진정 위대한 유산이란 물질적 재산이나 지위가 아닌, 사랑, 우정, 지혜, 그리고 도덕적 가치와 같은 인간관계와 경험에서 비롯된 것입니다. 이는 우리가 남기고자 하는 영향력과 삶의 의미를 포함하며, 다음 세대에 전해질 수 있는 가치 있는 교훈과 감정적 유대를 의미합니다. 여러분은 어떤 유산을 남기고 싶으신가요? 그리고 여러분의 인생에서 가장 소중한 유산은 무엇인가요?

3.2. 소설 『위대한 유산』에 관한 질문들

소설 『위대한 유산』에 대한 질문들은 다음과 같습니다.

1) 핍의 성장 과정에서 가장 큰 영향을 미친 인물은 누구인가요, 그리고 그 이유는 무엇인가요?

2) 물질적인 부와 진정한 행복 사이의 관계는 어떻게 묘사되나요?
3) 에스텔라와 핍의 관계는 소설에서 어떤 중요한 의미를 지니며, 그들의 관계 변화는 어떤 상징적 의미를 지니고 있을까요?
4) 작가가 의도한 '진정한 유산'은 무엇을 의미하며, 그것은 어떻게 드러나나요?
5) 소설 속 인물들이 경험하는 도덕적 갈등은 무엇이며, 이를 통해 독자가 얻을 수 있는 교훈은 무엇인가요?

이 질문들을 통해 『위대한 유산』의 깊은 의미를 탐구해보세요. 어떤 질문이 가장 흥미로운가요?

『위대한 유산』은 "사랑, 의리, 양심이 사회적 성공, 부, 계급보다 중요하다"는 도덕적 주제를 명확히 전달합니다. 이 소설을 통해 독자들은 진정한 부와 유산이 인간관계와 도덕적 가치에 있으며, 자신의 정체성과 행복을 찾는 과정에서 진정한 가치를 발견해야 한다는 교훈을 얻습니다. 주인공 핍이 돈과 지위에 집착하다가 결국 사랑과 우정, 자기 성찰의 중요성을 깨닫는 과정을 통해 이러한 메시지가 드러납니다.

그렇다면, 『위대한 유산』은 훌륭한 책이라고 할 수 있나요? 물론입니다. 『위대한 유산』은 찰스 디킨스의 탁월한 작가 정신이 잘 반영된 뛰어난 작품으로 평가받습니다. 이 소설은 흥미로운 스토리텔링과 함께, 사회 비판과 도덕적 성찰을 제공하는 깊이 있는 주제를 다룹니다. 작가는 주인공 핍의 성장 과정과 내면의 변화를 세심하게 묘사하며, 지배계급과 기득권층의 위선을 통렬하게 비판합니다. 이를 통해 독자들은 사회의 불평등과 도덕적 가치에 대해 고민하게 되고, 더 나은 세상을 향한 변화와 성찰을 모색하게 됩니다.

핍은 에스텔라를 깊이 사랑하고 있습니다. 그의 사랑은 순수하지만, 그녀의 차가운 태도와 고상한 외모에 매료되어 여러 번 상처를 받기도 합니다. 에스텔라의 무정함과 사회적 지위에 대한 갈망으로 갈등을 겪으며 성장하는 핍은, 그녀에 대한 사랑을 통해 자신의 정체성과 인생의 진정한 가치를 고민하게 됩니다. 핍의 에스텔라에 대한 사랑은 『위대한 유산』의 핵심 주제이자, 핍이 신사가 되려는 주요 동기 중 하나입니다.

3.3. 어휘 확장

'예상'과 '기대'와 관련된 영어 단어들을 문장과 함께 연결하여 공부해봅시다.

expectations 예상; 기대	She went to college with *great expectations*. 그녀는 큰 기대를 안고 대학에 갔습니다.
aspiration 열망; 포부; 염원	His aspiration to be a leader guided him into politics. 지도자가 되고자 하는 열망이 그를 정치계로 인도했습니다.
wish 바람; 소망; 원하다; 바라다	We wish you both health and longevity. (저희는) 두 분 다 건강하게 장수하시길 바랍니다.
hope 희망; 기대; 바라다	He had one last hope to cling on to. 그에게는 마지막으로 매달릴 희망이 하나 있었습니다.
dream 꿈; 꿈을 꾸다	He finally actualized his dream. 그는 마침내 자신의 꿈을 현실로 만들었습니다.
desire 욕구; 욕망; 갈망; 바라다; 원하다	Most people have a desire to collect things. 사람들은 대개 수집 욕이 있습니다.

연습문제

1 다음 중 소설 『위대한 유산 *Great Expectations*』에 대한 설명 중 옳지 않은 것을 고르세요.

① 찰스 디킨즈의 작품이다.
② 20세기 걸작 중 하나로 칭송받는 작품이다.
③ 반자서전적 소설이다.
④ 고아 핍의 이야기로, 그의 어린 시절부터 어른이 될 때까지의 인생을 다루고 있다.

정답 ②
해설 찰스 디킨스의 『위대한 유산』은 1861년에 출판되었습니다. 19세기 영국 소설 중 가장 훌륭한 작품 중 하나로 각광받고 있습니다.

2 다음 중 Charles Dickens의 작품이 아닌 것을 고르세요.

① *Oliver Twist* ② *Hard Times*
③ *A Tale of Two Cities* ④ *Wuthering Heights*

정답 ④
해설 *Wuthering Heights*는 1847년 출간된 *Emily Brontë*의 작품입니다.

3 아래 문장의 빈칸에 들어갈 인물을 고르세요.

____________ is an orphan and the protagonist and narrator of *Great Expectations.*

① Pip ② Estella
③ Herbert Pocket ④ Abel Magwitch

정답 ①
해설 Pip은 고아이며 『위대한 유산』의 주인공이자 내레이터입니다.

키워드

1. *Great Expectations*
2. Charles Dickens
3. Semi-autobiographical novel
4. The Victorian Era
5. Pip
6. Estella
7. Miss Havisham
8. Abel Magwitch

08

[Novel] Jane Austen, *Pride and Prejudice*

[소설] 제인 오스틴, 『오만과 편견』

이번 장에서는 영국의 작가
Jane Austen의 삶과 작품 배경을 살펴보고,

그녀의 대표적인 소설
『오만과 편견 *Pride and Prejudice*』의 명문장들을 감상해봅니다.

주요 등장인물들을 통해
인간의 복잡한 심리를 깊이 탐구하고,

소설 제목인 '오만'과 '편견'에 대한 개인적인 생각도
나누어 보겠습니다.

제인 오스틴은 18세기 말에서 19세기 초에 걸쳐 활동한 영국의 소설가로, 그녀의 작품은 당시 사회의 복잡한 인간관계와 여성의 위치를 심도 있게 탐구하고 있습니다. 그녀의 삶은 문학적 영감을 주는 중요한 배경이 되었으며, 그로 인해 오늘날까지도 그녀의 작품은 널리 읽히고 사랑받고 있습니다.

특히, 그녀의 대표작 중 하나인 『오만과 편견』은 인간의 성격과 사회적 편견을 다룬 명작으로, 그 속에 담긴 깊은 통찰력은 많은 독자에게 깊은 인상을 남깁니다. 이 소설의 다양한 명문장을 감상하고 활용함으로써, 우리는 당시 사회의 관습과 인간 심리를 이해하는 소중한 기회를 얻을 수 있습니다. 이러한 문장들은 단순한 문학적 아름다움을 넘어, 현대 사회에서도 여전히 유효한 메시지를 전달합니다.

『오만과 편견』은 원래 『첫인상 *First Impressions*』이라는 제목으로 불렸으나, 출판사에서 거절당했습니다. 이후 다시 집필되어 1813년에 마침내 출판되었습니다. 엘리자베스 베넷은 제인 오스틴이 가장 좋아했던 여주인공으로, 그녀는 여동생 카산드라(Cassandra)에게 쓴 편지에서 "나는 고백하건대, 그녀가 글로 나타난 인물 중 가장 매력적인 존재라고 생각해(I must confess that I think her as delightful a creature as ever appeared in print)."라고 고백했습니다.

『오만과 편견』이라는 제목은 '오만'과 '편견'이라는 두 가지 주요 개념을 드러내며, 인간관계에서 발생하는 갈등의 본질을 잘 표현하고 있습니다. 각 인물은 자신의 오만함과 편견으로 인해 서로를 오해하고 갈등을 겪게 되며, 이 과정에서 진정한 사랑과 이해가 무엇인지에 대해 깊이 생각하게 합니다. 이러한 주제는 오늘날에도 여전히 중요하며, 우리는 이 작품을 통해 자신의 삶을 돌아보고, 타인을 이해하는 데에 필요한 귀중한 교훈을 얻을 수 있습니다.

결론적으로, 제인 오스틴의 삶과 그녀의 작품들은 단순한 문학적 성과를 넘어서, 인간 존재와 관계에 대한 깊은 통찰력을 제공합니다. 특히 『오만과 편견』은 현대 사회에도 여전히 큰 울림을 주는 중요한 작품으로, 우리는 이 작품을 통해 오만과 편견을 극복하고 더 나은 인간관계를 형성하는 방법을 배울 수 있습니다. 이를 통해 우리는 더욱 성숙하고 조화로운 삶을 살아가는 길을 찾을 수 있을 것입니다.

1.

개요

1.1. 제인 오스틴(Jane Austen, 1775-1817)

제인 오스틴은 1775년 영국 남부 햄프셔의 스티븐턴에서 태어났습니다. 그녀는 성직자인 조지 오스틴 목사의 7남매 중 여섯째로 태어났으며, 아버지는 제인의 독서와 글쓰기를 적극적으로 격려해 준 교육 수준이 높은 분이었습니다. 1801년, 가족은 바스로 이사하였고, 조지 오스틴의 사망 이후에는 사우샘프턴으로, 마지막으로 햄프셔의 쵸튼으로 이주했습니다. 제인이 거주했던 이 집은 현재도 방문할 수 있습니다.

Jane Austen was born in 1775 at Steventon in Hampshire, in the south of England. She was the sixth of seven children of a clergyman, the Reverend George Austen. He was a well-educated man, who encouraged Jane both in her reading and her writing. In 1801 the family moved to Bath; then, after George Austen's death, to Southampton, and finally to Chawton in Hampshire (the house where Jane lived can still be visited).

그녀는 열네 살부터 글쓰기를 시작했으며, 20대 초반에는 이미 몇몇 소설의 초판 작업을 진행하고 있었습니다. 조용하고 평온한 삶을 살면서 가끔 런던, 바스, 라임, 그리고 형제들의 집을 방문하기도 했습니다. 여러 명의 연인이 있었지만, 결혼은 하지 않았고, 한 번 청혼을 수락했으나 다음 날 마음이 바뀌어 수락을 철회한 일도 있었습니다. 그녀는 1817년 윈체스터에서 마흔두 살의 나이로 세상을 떠났습니다.

She started writing when she was only fourteen, and by her early twenties was already working on the first versions of some of her novels. She led a quiet, uneventful life, occasionally visiting London, Bath, Lyme, and her brothers' houses. She never married, though she had several admirers. One proposal of marriage she accepted, but the next day changed her mind and withdrew her acceptance. She died in Winchester in 1817, aged only forty-two.

제인 오스틴은 영어권 최고의 소설가 중 한 명입니다. 그녀의 소설은 파티, 드레스, 다툼, 약혼, 결혼 등을 다루는 풍자 코미디(풍속 희극)이지만, 그 어떤 작가도 그녀만큼 날카로운 관찰력과 세련된 아이러니로 '시골 마을의 가정생활에 대한 그런 그림들'을 그려내지는 못했습니다.

Jane Austen is one of the greatest novelists in the English language. Her novels are comedies of manners, dealing with parties, dresses, quarrels, engagements, and marriages, but no writer has ever drawn 'such pictures of domestic life in country villages' with a sharper eye or with a more exquisite irony.

그녀는 자신이 가장 잘 아는 것, 사교 모임, 연애, 중매와 같은 일상적인 사교생활에 관해 썼습니다. 그녀의 여섯 편의 주요 소설들은 현재 영문학의 고전으로 자리 잡았습니다. 그 작품들은 『이성과 감성』, 『오만과 편견』, 『맨스필드 파크』, 『엠마』, 『노생거 수도원』, 그리고 『설득』입니다. 그녀의 모든 소설은 당시 독자들로부터 재치와 문체로 극찬을 받았고 왕세자(훗날의 조지 4세)는 그녀의 소설 전집을 각기 모든 집에 비치해두고 즐겨 읽었습니다. 그녀의 소설들은 처음 출간된 이래로 계속해서 사랑받고 있으며, 제인 오스틴을 사랑하는 모임(일명 제인아이트)도 있습니다. 모든 소설이 영화나 텔레비전 드라마로 만들어졌으며, 특히 『오만과 편견』, 『엠마』, 『이성과 감성』은 최근에 매우 성공적인 영화로 제작되었습니다.

She wrote about what she knew best - the daily business of social visits, romantic affairs, and matchmaking. Her six major novels are now classics of English literature. They are *Sense and Sensibility*, *Pride and Prejudice*, *Mansfield Park*, *Emma*, *Northanger Abbey* and Persuasion. All her novels were praised for their wit and style by readers of the time, and the Prince Regent (later King George IV) enjoyed them so much that he kept a complete set of her novels in each of his houses. The novels have remained popular since they were first published, and there is a Jane Austen Society (known as the Janeites). There have been film and television dramatizations of all the novels, in particular some very successful recent films of *Pride and Prejudice, Emma and Sense and Sensibility.*

<출처> http://www.janeaustensoci.freeuk.com/pages/biography.htm

1.2. 시대적 배경 — 18세기

제인 오스틴의 소설 『오만과 편견 *Pride and Prejudice*』은 18세기 후반의 복잡한 사회적 배경을 반영하고 있습니다. 1789년의 프랑스 대혁명은 사회 구조에 큰 변화를 가져오며, 권력과 자유에 대한 새로운 개념을 불러일으켰습니다. 또한, 17세기 말부터 18세기에 걸쳐 진행된 산업혁명은 자본주의의 출현을 촉진하며 정치, 사회, 경제 전반에 걸쳐 급격한 변화를 가져왔습니다. 이러한 변화는 문학에도 깊은 영향을 미쳤습니다. 18세기 문학의 특징 중 하나는 일반 대중, 즉 보통 사람들이 주인공으로 등장하기 시작했다는 점입니다. 이전의 작품들은 대부분 왕족이나 종교인이 주인공으로 설정되었으나, 이제는 그들의 일상과 감정을 중심으로 한 이야기들이 주를 이루게 되었습니다. 제인 오스틴의 『오만과 편견』은 이러한 흐름을 잘 보여주는 대표적인 작품으로, 엘리자베스 베넷과 같은 평범한 여성을 주인공으로 내세워 당시 사회의 계급, 성 역할, 그리고 사랑과 결혼에 대한 문제를 심도 있게 탐구합니다. 이로 인해 독자들은 더 이상 고귀한 혈통이나 권력에만 의존하지 않고, 성격과 가치관이 중요한 요소로 작용하는 사회적 변화의 이면을 느낄 수 있습니다.

<출처> https://en.wikipedia.org/wiki/Pride_and_Prejudice

2.

영문 텍스트 읽기
- 소설 『오만과 편견 *Pride and Prejudice*』

소설 『오만과 편견』의 주요 등장인물들을 만나보고, 영문 텍스트를 함께 읽어봅시다.

2.1. 소설 『오만과 편견』의 주요 등장인물

Main characters in *Pride and Prejudice*

- Mr Bennet, of Longbourn House 롱본 하우스의 베넷 씨
- Mrs Bennet, his wife 베넷씨의 부인
- Their 5 daughters: Jane Bennet, Elizabeth Bennet, Mary Bennet, Kitty Bennet, Lydia Bennet, Charlotte Lucas, a friend of Elizabeth Bennet's
  그들의 다섯 명의 딸들 - 제인 베넷, 엘리자베스 베넷, 메리 베넷, 키티 베넷, 리디아 베넷, 그리고 엘리자베스 베넷의 친구인 샬럿 루카스
- Mr Collins, a rector and a distant cousin of Mr Bennet's

베넷 씨의 먼 사촌이자 목사인 콜린스 씨

- Mr Charles Bingley, of Netherfield Park
  네더필드 파크의 찰스 빙리 씨
- Miss Caroline Bingley, his younger sister
  그의 여동생인 캐롤라인 빙리 양
- Mr Darcy, a friend of Mr Bingley's
  빙리 씨의 친구인 다아시 씨
- Miss Georgiana Darcy, Mr Darcy's young sister
  다아시 씨의 여동생인 조지아나 다아시 양
- Lady Catherine de Bourgh, Mr Darcy's aunt
  다아시 씨의 숙모인 캐서린 드 부르 부인

이 인물들은 각기 독특한 배경과 성격을 지니고 있어 『오만과 편견』의 서사를 더욱 풍부하게 만듭니다. 이들의 복잡한 관계와 갈등은 소설의 주제를 보다 심층적으로 탐구해보는 기회를 제공하며, 독자에게 다양한 감정의 여정을 선사합니다.

2.2. 영문 텍스트 읽기

The first page of *Pride and Prejudice* (첫 페이지 텍스트 소개)

PRIDE AND PREJUDICE

'It is a truth well known to all the world that an unmarried man in possession of a large fortune must be in need of a wife.' And so, when such a man comes to live near the

Bennet family, Mrs Bennet is delighted. At once, she sees in Mr Bingley a possible, almost a certain, husband for one of her five daughters.

'큰 재산을 소유한 미혼 남성은 반드시 아내가 필요하다는 것은 온 세상에 잘 알려진 진리입니다.' 그래서 그런 남자가 베넷 가족 가까이 이사 오자, 베넷 부인은 기뻐합니다. 그녀는 빙리 씨가 자신의 다섯 딸 중 한 명의 확실한 남편감이 될 수 있다는 것을 한눈에 알아차립니다.

'People say he's quite young, very handsome, and extremely charming!' says foolish Lydia, the youngest of the Bennet sisters. 'And even better, he loves dancing! Everybody knows that means he's likely to fall in love!'

베넷 가의 막내딸, 어리석은 리디아가 말합니다. '사람들이 그러는데, 빙리 씨는 젊고 잘생겼고 정말 매력적이래!' 게다가 더 좋은 건 그가 춤을 엄청 좋아한대! 춤을 좋아하면 반드시 사랑에 빠진다는 건 누구나 아는 사실이잖아!'

But with whom? Soon, Elizabeth Bennet is sure that he admires her eldest sister, Jane. Certainly, he is most attentive to her whenever they meet, but who can tell if admiration will lead to marriage, and happiness?

근데 누구랑? 곧, 엘리자베스 베넷은 그가 맏언니 제인을 마음에 두고 있다고 확신합니다. 실제로 그는 제인과 마주칠 때마다 그녀에게 각별하게 관심을 기울이지만, 그 호감이 결혼으로 이어질지, 그리고 행복해질 수 있을지 누가 알 수 있을까요?

Mr Bingley, however, is not the only young man to show interest in the Bennet girls. There is their cousin, the boring Mr Collins. There are the officers of the regiment –

the charming Mr Wickham, for example. And of course, there is Mr Bingley's friend, Mr Darcy - tall, dark, and extremely wealthy, but then he is such a rude, proud, disagreeable man.

하지만 베넷 가 딸들에게 관심을 보인 청년은 빙리 씨뿐이 아니었어요. 그들의 사촌인 따분한 콜린스 씨도 있습니다. 연대의 장교들, 예를 들어 매력적인 위컴 씨도 있습니다. 물론, 빙리 씨의 친구 다아시 씨도 있는데, 키가 크고 까맣고 매우 부유하지만 무례하고 오만하고 불쾌한 남자예요.

<출처> *Pride and Prejudice* by Jane Austen. Oxford Bookworms Library, Stage 6, Oxford University Press

Words & Phrases

pride	자만심(self-conceit); 우월감; 교만; 거만(arrogance) hurt a person's pride 남의 자존심에 상처를 입히다
prejudice	[···에 대한] 편견; 선입관; 혐오감(preoccupation) [against ··] racial prejudice(s) 인종적 편견
possession	(격식) 소유, 입수, 소지, 점유, 소유권
fortune	재산; 부; 거금; (특히 사람의 삶에 영향을 미치는) 운[행운]
attentive	주의 깊은; [···에] 주의하고 있는[to ··]; 정중한[to ··] be attentive to ladies 여성에게 정중하다
regiment	[군사] 연대
disagreeable	[사람 · 태도가] 불쾌감을 주는; 유쾌하지 못한(=unpleasant); 무례한; 무뚝뚝한 (↔ agreeable) a disagreeable old man 사귀기 힘든 노인

The back cover of *Pride and Prejudice* (뒷표지 텍스트)

'The moment I first met you, I noticed your pride, your sense of superiority, and your selfish disdain for the feelings of others. You are the last man in the world whom I could ever be persuaded to marry,' said Elizabeth Bennet.

"처음 당신을 만난 순간부터, 당신의 오만함과 우월감, 그리고 이기적으로 남의 감정을 무시하는 걸 알아챘어요. 당신이야말로 제가 절대 결혼하게 될 리가 없는, 세상에서 가장 마지막에 고려할 남자예요." 하고 엘리자베스 베넷은 단호하게 말했습니다.

And so Elizabeth rejects the proud Mr Darcy. Can nothing overcome her prejudice against him? And what of the other Bennet girls - their fortunes, and misfortunes, in the business of getting husbands?

그래서 엘리자베스는 오만한 다아시 씨의 청혼을 거부합니다. 과연 그녀도 다아시 씨에 대한 편견을 거둘 수 있을까요? 그리고 나머지 베넷 가의 딸들은 어떻게 될까요? 그녀들의 남편 찾기, 과연 행운이 따를 수 있을까요?

This famous novel by Jane Austen is full of wise and humorous observation of the people and manners of her times.

이 유명한 제인 오스틴의 소설은, 작가가 살던 시대의 사람들과 풍속(예절)에 대한 통찰력 있고 유머러스한 관찰로 가득 차 있습니다.

<출처> *Pride and Prejudice* by Jane Austen. Oxford Bookworms Library, Stage 6, Oxford University Press

Words & Phrases

superiority [n]	[…에 대한] 우월, 상위, 탁월, 우세, 우위[to, over ‥]; 교만; […에] 굴하지 않음 (↔inferiority)[to ‥] He has a superiority over the others. 그는 남들보다 우월감을 가지고 있다.
disdain [n]	[…에 대한] 경멸, 멸시, 모멸[for, of ‥] disdain for riches 부에 대한 경멸
fortune [n]	부; 운; (종종 fortunes) (인생 · 사건 등의) 운명의 기복
misfortune [n]	불운; 불행; 역경 a series of misfortunes 거듭되는 불행
manners	(격식) (국민 · 민족 등의) 풍습; (특정 사회 · 문화의) 예의

Text: Elizabeth and Darcy

Background story

다아시와 엘리자베스는 함께 산책을 나섭니다. 엘리자베스는 다아시에게 동생 리디아에게 베풀어준 친절에 감사 인사를 전했고, 다아시는 엘리자베스를 행복하게 해주고 싶어 그랬다고 고백합니다. 그리고 다시 한 번 정중하게 청혼합니다. 엘리자베스는 그의 첫 번째 청혼 이후 감정의 근본적인 변화를 겪었고, 이제는 그의 애정을 고맙고 기쁘게 받아들일 수 있게 되었다고 말합니다. 이에 다아시는 무척 행복해집니다. 두 사람은 무작정 걸으며 서로의 생각과 감정을 나누고 많은 대화를 나눕니다.

한편, 캐서린 영부인은 런던에 있는 다아시를 찾아가 롱본에 갔던 일과 엘리자베스의 고집스럽고 오만한 성격에 관해 이야기합니다. 그런데 다 아시는 그녀의 말을 듣고 전혀 가망이 없다고 생각했던 희망을 다시 품게 됩니다. 그래서 빙리와 함께 다시 롱본으로 찾아가 엘리자베스에게 청혼하게 된 것입니다. 다아시는 자신의 이기적이고 오만한 성격을 깨닫게 해준 엘리자베스에게 진정한 감사의 마음을 전합니다.

They walked on, without noticing in which direction. There was so much to be thought, and felt, and said. Elizabeth blushed and laughed as she replied, 'Yes, you have experienced my honesty. After scolding you so rudely to your face, I was obviously quite capable of criticizing you to all your relations.'

그들은 어느 방향으로 가는지도 모른 채 계속 걸었습니다. 생각하고 느끼고 말할 것이 너무 많았습니다. 엘리자베스는 얼굴을 붉히며 웃으며 말했습니다. '그래요, 제 솔직함을 경험하셨군요. 당신 면 전에서 버릇없이 쏘아붙인 걸로 모자라서, 당신이 아는 친척들한테 다 욕하고 다닐 여자라는 걸 당연히 아셨겠죠.'

'I certainly deserved all your accusations. As an only son, I was brought up to be selfish and proud, and to consider myself superior to others. I would have continued like that if you, dearest, loveliest Elizabeth, had not taught me a lesson. I owe you a great deal for that.'

'저는 분명히 당신의 모든 비난을 받아 마땅합니다. 외아들로 자라다 보니 이기적이고 오만하고, 스스로를 다른 사람들보다 우월하게 여기는 버릇이 들어버렸어요. 가장 소중하고 사랑스러운 엘리자베스, 당신이 저에게 교훈을 주지 않았다면 저는 계속 그렇게 살아갔을 것입니다. 그 점에 대해 저는 당신에게 큰 빚을 졌습니다.'

'And I, how soon I thought better of you, when I read the letter you sent me! When I realized your description of events must be true, all my prejudices against you were removed!'

'그리고 당신이 제게 보낸 편지를 읽었을 때 얼마나 빨리 당신을 더 잘 이해하게 되었는지! 당신의 사건 설명이 사실일 거라는 걸 깨달았을 때, 당신에 대한 나의 모든 편견이 사라졌습니다!'

<출처> *Pride and Prejudice* by Jane Austen. Oxford Bookworms Library, Stage 6, Oxford University Press

3.

『오만과 편견 *Pride and Prejudice*』이 우리에게 말해주는 것

소설 『오만과 편견』을 통해 작가가 말하고 싶은 것은 무엇일까요? 소설 제목인 '오만'과 '편견'이란 무엇을 의미하는 걸까요? 이 두 단어의 의미를 정의해보고 왜 그렇게 생각하는지를 적어보세요. 그리고 함께 생각해보는 시간을 가져봅시다.

3.1. '오만'과 '편견'에 대한 정의 Definition of 'Pride' and 'Prejudice'

'오만(pride)'이란 자신의 능력이나 성취에 대한 과도한 자만으로, 타인보다 우월하다고 느끼는 상태를 의미합니다. 이는 긍정적인 자부심과는 달리, 다른 사람을 깔보거나 무시하는 태도로 이어질 수 있습니다. 오만은 종종 인간관계에서 갈등을 일으키고, 자신을 객관적으로 바라보지 못하게 만듭니다. 오만은 어떻게 태도를 변화시킬 수 있을까요? 혹은 오만한 행동의 예는 무엇이 있을까요?

'자부심'은 자신의 업적, 자질 또는 소유물에서 비롯된 깊은 만족감과 자존감입니다. 특히 성소수자 자부심과 같이 커뮤니티 내에서의 소속감과 정체성을 의미할 수도 있습니다. 하지만 때로는 오만함이나 타인에 대한 우월감으로 이어질 수 있습니다.

'편견(prejudice)'이란 특정 개인이나 집단에 대해 사실이나 경험에 기반하지 않고 미리 형성된 부정적인 생각이나 감정을 의미합니다. 이는 주로 인종, 성별, 종교, 성적 지향 등과 같은 특성에 기반 하여 나타나며, 종종 차별이나 사회적 불평등을 초래할 수 있습니다. 편견을 극복하기 위해서는 어떻게 해야 할까요? 또는 여러분이 경험한 편견의 예는 무엇인가요?

3.2. 소설 『오만과 편견』에 관한 질문들

『오만과 편견』의 주요 이야기는 시골 신사의 딸 엘리자베스 베넷과 부유한 귀족 지주인 피츠윌리엄 다아시의 격렬한 관계를 중심으로 전개됩니다. 이들은 사랑에 빠지지만, 결혼을 위해서는 오만과 편견이라는 가상의 장벽을 극복해야 합니다. 소설 속 주인공인 엘리자베스와 다아시 중, 어느 캐릭터가 더 강한 자존심을 가지고 있으며, 누가 더 많은 편견을 지니고 있는지에 대해 생각해봅시다. 자부심과 편견이라는 두 가지 특성 중, 어떤 것이 이들의 관계에 더 큰 해를 끼칠까요? 또한, 두 캐릭터 중 어느 쪽에 더 공감할 수 있을 것 같나요?

엘리자베스와 다아시 중, 다아시는 자신의 사회적 지위와 자존심이 강한 인물로서, 처음에는 엘리자베스를 경시하는 편견을 가지고 있습니다. 반면 엘리자베스는 자신의 판단에 대한 자존심이 강하지만, 다아시에게 대해 잘못된 편견을 가지고 있기도 합니다. 두 사람 모두 자존심과 편견을 지니고 있지만, 다아시는 자신의 자존심이 더 강한 반면, 엘리자베스는 자신의 신념을 지키려는 강한 의지를 보여줍니다. 이들의 관계는 결국 서로의 자존심과 편견을 극복하는 과정을 통해 발전하게 됩니다.

자존심과 편견 중, 이들의 관계에 더 큰 해를 끼치는 것은 편견입니다. 다아시의 초기 편견은 엘리자베스와의 관계를 방해하고, 엘리자베스 또한 다아시에 대한 편견으로 인해 그를 오해하게 만듭니다. 이 두 가지 특성은 서로의 진정한 모습을 이해하는 데 방해가 됩니다. 그리고 두 캐릭터 중 개인적으로는 엘리자베스에게 더 공감할 수 있을 것 같아요. 그녀는 자신의 신념과 정체성을 지키려는 강한 의지를 지니고 있으며, 결국 자신의 편견을 극복하고 성장하는 모습을 보여주기 때문입니다. 여러분은 어떤 캐릭터에 더 공감하시나요?

소설의 첫 문장이 갖는 의미는 무엇일까요? 이 첫 대목은 독자들의 관심을 결혼이라는 주제와 앞으로 등장할 두 주인공에게 집중시키며, 이어질 이야기를 간략하게 요약합니다. "재물을 소유한 독신남"인 다아시와 그의 아내가 될 엘리자베스 베넷이 바로 그 주인공입니다. 또한, 이 문장은 소설의 줄거리와 주제가 "보편적으로 인정된 사실"임을 암시하며, 작품의 중요성과 시대를 초월한 매력을 시사합니다. 경쾌한 대화 톤은 이야기 전반의 분위기를 조성합니다.

다아시가 엘리자베스에게 끌리는 이유는 무엇일까요? 『오만과 편견』에서 다아시 씨는 엘리자베스 베넷의 활기찬 기질에 매료되며, 특히 아첨하지 않고 당당히 맞서는 모습에 반해 그녀와 사랑에 빠지게 됩니다. 처음에는 그녀가 함께 춤을 출 만큼 아름답지 않다고 생각했지만, 시간이 지나면서 그녀의 매력, 특히 그녀의 매혹적인 눈을 발견하게 됩니다.

<출처> *Pride and Prejudice* by Jane Austen. Oxford Bookworms Library, Stage 6, Oxford University Press

3.3. 어휘 확장

'자존심' 또는 '자부심'과 관련된 영어 단어들을 문장과 함께 연결하여 공부해봅시다.

pride 자존심; 자부심; 긍지	His words rang with pride. 그의 말에는 자부심이 넘쳤습니다.
self-respect 자기 존중; 자존심	They have no courage, no honour and no self-respect. 그들은 용기도, 명예도, 자존감도 없습니다.
self-esteem 자존; 자부심	You need to build your self-esteem. 자존감을 쌓아야 합니다.
arrogance 거만; 불손; 오만	His arrogance astounded her. 그의 오만함이 그녀를 경악시켰습니다.
hubris 오만; 자기 과신	Hubris is a killer in any leader. 오만함은 어떤 지도자에게도 치명적입니다.
egotism 이기주의; 자기 본위; 자아도취	He's so conceited. His egotism turns everybody off. 그는 너무 자만심이 강해요. 그의 이기주의 때문에 사람들이 등을 돌려요.

>> 정리하기

연습문제

1 아래 작품 중 Jane Austen의 소설이 아닌 것을 고르세요.

① *Sense and Sensibility*
② *Jane Eyre*
③ *Pride and Prejudice*
④ *Mansfield Park*

정답 ②
해설 *Jane Eyre*는 영국의 여류소설가 Charlotte Brontë(1816-1855)의 작품입니다. Charlotte의 동생은 *Wuthering Heights*(폭풍의 언덕)를 쓴 Emily Brontë입니다.

2 Jane Austen의 소설 *Pride and Prejudice*가 쓰여진 시기는 언제인가요?

① 16세기
② 17세기
③ 18세기
④ 19세기

정답 ③
해설 18세기는 1789년 프랑스 대혁명으로 인해 사회가 변화되기 시작했으며, 산업혁명이 도래하면서 자본주의가 등장합니다. 이로 인하여 정치, 사회, 경제적으로 급변하는 상황이 오게 되고, 이러한 기류는 문학에도 영향을 끼쳐 진정한 인간, 즉 보통 사람이 문학작품 속 주인공으로 등장하기 시작합니다. 그 이전의 작품들은 대부분 주인공이 왕, 왕족, 종교인이었습니다. 대표적인 작품이 Jane Austen의 *Pride and Prejudice*입니다.

3 18세기 시대적 배경과 거리가 먼 것을 고르세요.

① 산업혁명 도래
② 자본주의 등장
③ 보통 사람이 문학작품의 주인공
④ 인간에 대한 관심은 증가하였지만, 신과 인간의 결속은 끊지 못함

정답 ④
해설 ④는 16세기 르네상스 시기에 관한 것입니다.

키워드

1. *Pride and Prejudice*
2. Jane Austen
3. The 18th Century British Novel
4. Romance Novel
5. Pride
6. Prejudice
7. Elizabeth
8. Mr Darcy

09

[Novel] Ian McEwan, *Atonement*

[소설] 이언 매큐언, 『속죄』

이 장에서는 영국 작가
Ian McEwan의 생애와 작품 배경을 살펴보고,

그의 대표작인 『속죄 *Atonement*』의 주요 문장을 읽으며
그 내용을 이해하고 요약해보겠습니다.

또한, 소설의 주제인
'편견이 초래한 죄와 속죄의 방식'에 대해 논의하고,
이에 대한 자신의 의견을 제시해보는 시간을
가져봅니다.

들어가기

이언 매큐언(Ian McEwan)은 영국의 소설가이며 시나리오 작가로, 인간의 심리와 도덕적 갈등을 깊이 탐구하는 작품으로 알려져 있습니다. 1948년 영국 올더숏(Aldershot, Hampshire)에서 군 장교의 아들로 태어나 독일과 싱가포르, 리비아 등지에서 어린 시절을 보냈습니다. 이후 영국으로 돌아와 서섹스대학교(University of Sussex)에서 문학을 전공하고, 이스트 앵글리아 대학교(University of East Anglia)에서 문학석사 학위를 받았습니다. 소설가 말콤 브래드버리(Malcolm Bradbury)와 앵거스 윌슨(Angus Frank Johnstone-Wilson)의 지도를 받아 소설창작을 공부했으며, 1975년 졸업 논문으로 쓴 단편 소설집 『첫사랑, 마지막 의식 *First Love, Last Rites*』(1975)으로 문단에 데뷔했습니다. 이 작품으로 1976년 서머싯 모엄(Somerset Maugham) 상을 받았습니다.

그 후 Ian McEwan은 세계적인 비평가들의 주목을 받으며, 1987년 『더 차일드 인 타임 *The Child in Time*』으로 휘트브레드 상, 1998년 『암스테르담 *Amsterdam*』으로 맨부커상, 2002년 『속죄 *Atonement*』로 W. H. 스미스 문학상, 영국 작가협회 상, 로스앤젤레스 타임스 상, 산티아고 상 등 다수의 권위 있는 상을 받으며 명성을 쌓았습니다.

McEwan은 다양한 장르에서 활동하며, 특히 『속죄 *Atonement*』와 같은 작품을 통해 인간의 복잡한 감정을 세밀하게 표현합니다. 그의 다른 작품으로는 『영원한 사랑 *Enduring Love*』, 『토요일 *Saturday*』, 『체실 비치에서 *On Chesil Beach*』 등이 있으며, 『속죄』는 영화화되어 골든 글로브상 작품상을 받았습니다. 또한, 단편소설집 『첫사랑, 마지막 의식 *First Love, Last Rites*』의 세 편이 영화로 제작되었고, 《따라 하기 놀이》, 《농부의 점심식사》, 《새콤달콤》 등 여러 영화 시나리오도 썼습니다.

『속죄 *Atonement*』는 편견이 초래한 죄와 속죄의 방식을 중심으로 전개되는 이야기입니다. 이 소설의 주요 문장에서, 등장인물들이 자신의 행동으로 인해 발생한 비극적 결과를 인식하고 이를 속죄하기 위해 애쓰는 모습을 보여줍니다. 이 과정에서 독자는 인간의 도덕적 선택과 그에 따른 책임에 대해 깊이 생각하게 됩니다.

소설의 주제인 '편견이 초래한 죄와 속죄의 방식'은 매우 중요합니다. 편견은 종종 잘못된 판단을 초래하고, 이는 개인이나 타인에게 깊은 상처를 남깁니다. McEwan은 이러한 편견이 인간관계를 어떻게 파괴하고, 그로 인해 발생하는 죄의 무게가 얼마나 중대한지를 탐구합니다. 속죄는 단순히 잘못을 인정하는 것에 그치지 않고, 이를 극복하고 성장하려는 노력에서 비롯된다고 믿습니다. 결국, 『속죄 *Atonement*』는 인간이 얼마나 복잡하고 결함이 있는 존재인지, 그리고 그럼에도 불구하고 어떻게 속죄의 길을 찾아갈 수 있는지를 보여줍니다.

결론적으로, Ian McEwan의 작품은 인간의 심리를 깊이 있게 탐구하며, 편견과 그로 인한 죄, 그리고 속죄의 과정을 통해 중요한 교훈을 제공합니다. 이러한 주제는 독자에게 깊은 감동과 성찰을 안겨주며, 삶의 복잡함을 이해하는 데 도움을 줍니다.

1.

개요

1.1. 이언 매큐언 (Ian McEwan, 1948~)의 작품들

이언 러셀 매큐언(Ian Russell McEwan)은 1948년 6월 21일 영국 햄프셔주 올더숏에서 태어난 영국의 소설가이자 각본가입니다. 그는 서섹스대학교와 이스트 앵글리아 대학교에서 교육을 받았으며, 1975년부터 현재까지 활발히 작품 활동을 이어오고 있습니다. 매큐언은 대영제국 훈장(CBE)을 수여 받았으며, 왕립예술학회(FRSA)와 왕립문학학회(FRSL)의 회원으로 활동하고 있습니다.

- CBE: Commander (of the Order) of the British Empire (대영제국 훈작사)
- FRSA: Fellow of the Royal Society of Arts (왕립예술학회 회원)
- FRSL: Fellow of Royal Society of Literature (왕립문학학회 회원)

✔ 저서

- 『첫사랑, 마지막 의식, *First Love, Last Rites*』 (1975)
- 『시멘트 가든, *The Cement Garden*』 (1978)
- 『이방인의 위안, *The Comfort of Stranger*』 (1981)
- 『따라 하기, *The Imitation Game*』 (1981)
- 『우린 죽게 되는 걸까? *Or Shall We Die?*』 (1983)
- 『농부의 오찬, *The Ploughman's Lunch*』 (1985)
- 『더 차일드 인 타임, *The Child in Time*』 (1987)
- 『시트 사이, *In Between the Sheets*』 (1987)
- 『순수한 사람들, *The Innocent*』 (1989)
- 『새콤 달콤, *Sour Sweet*』 (1989)
- 『검은 개들, *Black Dogs*』 (1992)
- 『피터의 기묘한 몽상, *The Daydreamer*』 (1994)

- 『영원한 사랑, *Enduring Love*』 (1997)
- 『암스테르담, *Amsterdam*』 (1998)
- 『속죄, *Atonement*』 (2001)
- 『토요일, *Saturday*』 (2005)
- 『체실 비치에서, *On Chesil Beach*』 (2007)
- 『칠드런 액트, *The Children Act*』 (2014)
- 『넛셸, *Nutshell*』 (2016)
- 『나 같은 기계들, *Machines Like Me*』 (2019)
- 『바퀴벌레, *The Cockroach*』 (2019)
- 『교훈, *Lessons*』 (2022)

1.2. 영화 《어톤먼트 Atonement》 (Film, 2007)

영화 《어톤먼트》는 조 라이트 감독이 감독하고, 제임스 맥어보이, 키이라 나이틀리, 시얼샤 로넌, 로몰라 가라이, 베네딕트 컴버배치, 바네사 레드그레이브가 출연한 2007년 로맨틱 전쟁 드라마 영화입니다. 이 영화는 이언 매큐언의 2001년 동명 소설을 원작으로 하고 있으며, 1930년대부터 시작해 60년에 걸친 범죄와 그 결과를 다룹니다. StudioCanal에서 제작되어 영국에서 촬영되었으며, 유니버설 스튜디오에 의해 전 세계에 배급되었습니다.

이 영화는 2007년 9월 7일 영국과 아일랜드에서, 그리고 2007년 12월 7일 북미에서 개봉되었습니다. 비평가들은 연기, 연출, 감정 표현, 다리오 마리아넬리의 음악, 촬영 및 영상미에 찬사를 보내며 드라마에 대해 긍정적인 평가를 내렸습니다.

《어톤먼트》는 제80회 아카데미 시상식에서 오스카상(최고 영화 음악상)을 수상했으며, 작품상, 각색상, 여우조연상(로넌) 등 총 6개 부문에 후보로 올랐습니다. 또한, 제61회 영국 아카데미 영화상에서 14개 부문에 후보로 올라 최우

수 영화상과 프로덕션 디자인상을 차지했으며, 골든 글로브상에서는 최우수 영화 부문 드라마상에 영예를 안았습니다.

2.

영문 텍스트 읽기 - 소설 『속죄 *Atonement*』

소설 『속죄』의 주요 등장인물들을 만나보고, 영문 텍스트를 함께 읽어봅시다.

✔ 참고 영상: The film Atonement

1) Atonement Official Trailer #1 - Brenda Blethyn Movie (2007) HD https://youtu.be/fiv8Gy5CJ0Y?si=KFJ4Dl56DV-zE452
2) Atonement 2007 https://youtu.be/5emuKeRmvGE
3) Text 10 / Atonement (final scene) https://youtu.be/kDY5fx5C73I

2.1. 소설 『속죄』의 주요 등장인물

Main characters in *Atonement*

Briony Tallis: The younger sister of Leon and Cecilia Tallis, Briony is an aspiring writer.

브리오니 탈리스: 레온과 세실리아 탈리스의 여동생인 브리오니는 작가 지망생입니다.

Cecilia Tallis: The middle child in the Tallis family, Cecilia has fallen in love with her childhood companion, Robbie Turner.

세실리아 탈리스: 탈리스 가족의 둘째 자녀인 세실리아는 어린 시절의 친구인 로비터너와 사랑에 빠졌습니다.

Robbie Turner: Robbie is the son of Grace Turner, who lives on the grounds of the Tallis home. Having grown up with Leon, Briony and Cecilia, he knows the family well. He attended Cambridge University with Cecilia and when they come home after graduating, they fall in love. Robbie is sent to jail when Briony falsely accuses him of raping Lola.

로비 터너: 로비는 탈리스 저택 부지에 거주하는 그레이스 터너의 아들입니다. 레온, 브리오니, 세실리아와 함께 자라며 가족을 잘 알고 있는 그는, 세실리아와 함께 케임브리지 대학교에 다녔습니다. 졸업 후 집으로 돌아온 로비와 세실리아는 서로에게 사랑에 빠지게 됩니다. 그러나 브리오니가 그를 롤라 강간범으로 거짓 고발하면서 로비는 감옥에 갇히게 됩니다.

> 『속죄』의 중심인물인 브리오니 탈리스, 세실리아 탈리스, 그리고 로비 터너는 각기 다른 시각과 감정을 통해 이야기를 이끌어갑니다. 브리오니는 순수함과 동시에 지나친 상상력으로 인해 비극적인 오해를 초래하는 복잡한 캐릭터로, 자신의 감정과 갈등을 이해하지 못한 채 행동합니다. 세실리아는 강한 의지를 지닌 인물로, 로비와의 사랑을 통해 자신의 정체성을 찾으려 하지만, 사회적 제약과 가족의 기대에 부딪히게 됩니다. 로비는 세실리아와의 사랑으로 인해 삶의 희망을 품지만, 브리오니의 잘못된 고발로 인해 극적인 위기를 맞게 됩니다. 이들의 관계는 서로의 선택과 오해로 얽히며, 결국 속죄와 구원의 주제를 깊이 탐구하게 만듭니다.

2.2. 영문 텍스트 읽기

LONDON, 1999, pp. 349-351 / 번역본 519-521쪽

13세의 브리오니가 64년 후 77세의 나이에 '속죄' 소설을 써서, 로비와 세실리아의 행복한 결말을 맺어 주는 이유를 언급한 장면입니다.

There was a crime. But there were also the lovers. Lovers and their happy ends have been on my mind all night long. As into the sunset we sail. An unhappy inversion. It occurs to me that I have not traveled so very far after all, since I wrote my little play. Or rather, I've made a huge digression and doubled back to my starting place. It is only in this last version that my lovers end well, standing side by side on a South London pavement as I walk away. All the preceding drafts were pitiless.

범죄가 있었다. 그러나 그 곁에는 사랑하는 두 사람도 있었다. 연인들과 그들을 위한 행복한 결말, 이것이 밤새도록 내 머리를 떠나지 않고 있다. 일몰 속으로 우리는 항해한다. 불행한 반전. 내 작은 희곡을 쓴 이후로 난 그렇게 먼 길을 걸어온 것은 아니라는 생각이 든다. 아니, 멀리 길을 둘러 가다가 서둘러 시작 지점으로 되돌아온 것 같은 느낌이다. 이 마지막 버전에서만 내 연인들은 내가 지하철역으로 걸어 들어가는 동안 런던 남부의 지하철역 밖 인도에 나란히 서 있는 것으로 행복한 결말을 맞는다. 이전의 원고들은 모두 냉혹하기 짝이 없었다.

But now I can no longer think what purpose would be served if, say, I tried to persuade my reader, by direct or indirect means, that Robbie Turner died of septicemia at Bray Dunes on 1 June 1940, or that Cecilia was killed in September of the same year by the bomb that destroyed Balham Underground station. That I never saw them in that year. That my walk across London ended at the church on Clapham Common, and that a cowardly Briony limped back to the hospital, unable to confront her recently bereaved sister. That the letters the lovers wrote are in the archives of the War Museum.

그러나 이제 나는 독자들에게 직접적으로든 간접적으로든, 로비 터너가 1940년 6월 1일 브레이 듄스에서 패혈증으로 죽었다는 사실을, 혹은 세실리아가 같은 해 9월 발함 지하철역 폭격으로 죽었다는 사실을 알려야 할 이유를 알지 못한다. 그해에 내가 그들을 만난 적이 없다는 사실을. 런던을 가로질러 걷던 나의 발걸음은 클래팜 커먼의 그 교회에서 끝이 났다는 사실을, 겁쟁이 브리오니는 최근에 사별 당한 언니를 마주 대할 용기가 없어서 어깨를 축 늘어뜨린 채 병원으로 돌아왔다는 사실을. 연인들이 주고받은 편지는 지금 모두 전쟁박물관 문서보관소에 있다는 사실을 알려야 할 이유를 알지 못한다.

How could that constitute an ending? What sense or hope or satisfaction could a reader draw from such an account? Who would want to believe that they never met again, never fulfilled their love? Who would want to believe that, except in the service of the bleakest realism? I couldn't do it to them. I'm too old, too frightened, too much in love with the shred of life I have remaining. I face an incoming tide of forgetting, and then oblivion. I no longer possess the courage of my pessimism. When I am dead, and the Marshalls are dead, and the novel is finally published, we will only exist as my inventions.

그런 일들이 어떻게 결말이 될 수 있겠는가? 그런 일반적인 설명에서 독자가 어떤 느낌이나 희망이나 만족감을 얻을 수 있겠는가? 연인들이 다시는 만나지 못했고 그들의 사랑을 이루지 못했다는 것을 누가 믿고 싶어 할까? 냉혹한 사실주의를 구현한다는 것을 빼면 그런 결말이 가져올 장점이란 과연 무엇인가? 나는 그들에게 그렇게까지 할 수 없었다. 나는 너무 늙었고, 너무 겁을 먹었고, 내게 남은 삶의 단편들을 너무나도 사랑한다. 게다가 내게는 망각이라는 파도가 다가오고 있다. 더 이상 비관론을 끝까지 지켜나갈 용기가 없다. 내가 죽고, 마셜 부부가 죽고, 마침내 소설이 출판되면, 우리는 모두 내 창작품 안에서만 존재하게 될 것이다.

Briony will be as much of a fantasy as the lovers who shared a bed in Balham and enraged their landlady. No one will care what events and which individuals were misrepresented to make a novel. I know there's always a certain kind of reader who will be compelled to ask, But what really happened? The answer is simple: the lovers survive and flourish. As long as there is a single copy, a solitary typescript of my final draft, then my spontaneous, fortuitous sister and her medical prince survive to love.

브리오니는 발함에서 한 침대를 쓰면서 주인 여자를 분노하게 했던 연인들과 마찬가지로 공상 속의 인물로 존재하게 될 것이다. 어느 누구도 내 글이 소설이 되기 위해 어떤 사건들과 어떤 사람들을 허구로 끌어다 썼는지 알려고 하지 않을 것이다. 물론 "그러나 실제로 무슨 일이 일어났습니까?"하고 묻는 독자들이 언제나 있다는 것은 나도 알고 있다. 대답은 간단하다. 연인들은 살아남아 행복하게 산다. 내 마지막 원고만 세상에 존재하게 된다면, 그렇게 된다면, 나의 즉흥적이고 운 좋은 언니와 그녀의 의사 왕자님은 살아남아 행복하게 살게 되는 것이다.

The problem these fifty-nine years has been this: how can a novelist achieve atonement when, with her absolute power of deciding outcomes, she is also God? There is no one, no entity or higher form that she can appeal to, or be reconciled with, or that can forgive her. There is nothing outside her. In her imagination she has set the limits and the terms. No atonement for God, or novelists, even if they are atheists. It was always an impossible task, and that was precisely the point. The attempt was all.

지난 59년간 나를 괴롭혀왔던 물음은 이것이다. 소설가가 결과를 결정하는 절대적인 힘을 가진 신과 같은 존재라면 그는 과연 어떻게 속죄를 할 수 있을까? 소설가가 의지하거나 화해할 수 있는, 혹은 그 소설가를 용서할 수 있는 존재는 없다. 소설가 바깥에는 아무것도 없다. 소설가 자신이 상상 속에서 한계와 조건을 정한다. 신이나 소설가에게 속죄란 있을 수 없다. 비록 그가 무신론자라고 해도. 소설가에게 속죄란 불가능하고 필요 없는 일이다. 중요한 것은 그럼에도 불구하고 그가 속죄를 위해 노력을 했다는 사실이다.

<출처> Ian McKwan (2001). *Atonement*, Jonathan Cape, UK.

[번역] 한정아 (2003). 『속죄』. 문학동네.

Words & Phrases

crime	범죄 (브리오니의 거짓 진술)
the lovers	로비와 세실리아 탈리스
inversion	반전; 역전; 도치; (진실의) 전도
my little play	브리오니가 쓴 대본, 〈아라벨라의 시련〉
a huge digression	멀리 길을 둘러 감 <cf.> digression: 주요 주제나 줄거리에서 일시적으로 떨어져 배경과 관련이 없는 주제에 초점을 맞추고 배경 세부 사항을 설명하는 데 사용하는 문체 장치
double back	(오던 길로; 출발점으로) 되돌아가다
draft	(아직 완성본이 아닌) 원고; 초안
septicemia	패혈증 (blood poisoning)
cowardly	겁이 많은; 비겁한; 비열한
limp	기운 없이 느릿느릿 가다; 절뚝거리다; (배가) 느릿느릿 가다

bereaved	(최근에) 사별을 당한
archive	기록 보관소
the bleakest realism	냉혹한 사실주의 (bleak: 암울한; 절망적인; 음산한)
shred	(가늘고 작은) 조각 (=scrap); (갈가리) 자르다[찢다]; 채를 썰다
oblivion	의식[자각]하지 못하는 상태; 잊혀짐; 망각(=obscurity)
pessimism	비관적인 생각[기분]; 비관주의 (↔ optimism)
compel	강요[강제]하다; (필요에 따라) …하게 만들다; (어떤 반응을) 자아내다[불러오다]
spontaneous	(사람이) 즉흥적인; 자발적인
fortuitous	우연한; (특히) 행운의
reconcile	화해시키다; (어쩔 수 없는 불쾌한 상황을 체념하고) 받아들이다
atheist	무신론자

13세의 브리오니가 64년 후 77세의 나이에 '속죄'라는 제목의 희곡을 집필하는 장면은 그녀가 로비와 세실리아의 행복한 결말을 선사하고자 하는 깊은 이유를 드러냅니다. 과거의 실수와 상처를 치유하기 위해, 브리오니는 자신의 상상력을 통해 그들의 사랑이 결실을 맺는 모습을 그려냅니다. 이는 그녀가 느꼈던 죄책감과 후회를 극복하고, 마침내 자신의 선택에 대한 속죄의 길을 찾으려는 노력의 일환으로 독자에게도 깊은 울림을 안겨줍니다.

3

『속죄 *Atonement*』가 우리에게 말해주는 것

소설 『속죄』를 통해 작가가 말하고 싶은 것은 무엇일까요? 소설 제목인 '속죄'란 무엇을 의미하는 걸까요? 이 단어가 뜻하는 바를 생각해보고 왜 그렇게 생각하는지 논해봅시다.

3.1. '속죄'에 대한 정의 The definition of 'Atonement'

'속죄'란 자신의 잘못이나 죄를 인정하고 그에 대한 책임을 지며, 이를 통해 사죄하거나 용서를 구하는 과정을 의미합니다. 종교적 맥락에서는 하느님이나 다른 신적인 존재에게 용서를 받기 위한 행위로 이해되기도 하며, 인간관계에서도 잘못된 행동을 반성하고 관계를 회복하기 위한 노력을 포함합니다.

그렇다면, 속죄는 어떻게 이루어져야 할까요? 속죄는 진심 어린 반성과 책임감에서 시작되어야 합니다. 첫째, 자신의 잘못을 인정하고 그로 인해 피해를 입은 사람에게 진정한 사과를 해야 합니다. 둘째, 행동으로 보여주는 것이 중요합니다. 잘못을 반복하지 않겠다는 의지를 갖고 변화를 위해 노력해야 합니다. 마지막으로, 피해자의 감정을 존중하고 그들이 받을 수 있는 치유의 과정을 지원하는 것이 필요합니다.

속죄의 중요성은 여러 가지가 있습니다. 첫째, 개인의 성장과 변화에 기여합니다. 자신의 잘못을 인식하고 반성함으로써 더 나은 사람이 될 수 있습니다. 둘째, 관계 회복에 필수적입니다. 속죄는 신뢰를 다시 쌓고 갈등을 해결하는 데 도움이 됩니다. 셋째, 사회적 화합을 이끌어냅니다. 서로의 잘못을 용서하고 이해함으로써, 공동체가 더 건강하고 긍정적인 방향으로 나아갈 수 있습니다.

3.2. 소설 『속죄』에 관한 질문들

1) 『속죄』의 주제는 무엇인가요?

이언 매큐언의 소설 『속죄』의 주제는 주로 속죄와 용서, 그리고 인간관계의 복잡성을 탐구합니다. 이야기의 중심에는 잘못된 판단과 오해로 인해 발생하는 비극이 있으며, 주인공 브리오니가 자신의 과거 실수를 통해 속죄를 찾고자 하는 여정이 그려집니다. 또한, 사랑과 상실, 그리고 시간의 흐름이 개인의 삶에 미치는 영향도 중요한 주제로 다뤄집니다. 이 모든 요소가 결합되어 독자에게 깊은 감정을 불러일으키는 서사를 만들어냅니다.

더 나아가 『속죄』의 가장 중요한 주제는 개인의 관점이 어떻게 현실을 형성하는지를 보여주는 것입니다. 이야기의 여러 부분에서 매큐언은 특정 인물의 시각을 통해 이야기를 전달합니다. 즉, 각 인물의 생각과 느낌이 사건을 어떻게 다르게 보여주는지를 강조하고 있습니다. 이렇게 함으로써 독자는 다양한 관점을 경험하게 됩니다.

2) 소설 속에서 실제로 일어난 일은 무엇입니까?

『속죄』에서 실제로 일어난 사건은 다음과 같습니다. 로비는 덩커크에서 대피를 기다리던 중 패혈증으로 사망했고, 세실리아는 몇 달 후 발함 지하철역 폭탄 테러로 목숨을 잃었습니다. 이로 인해 브리오니는 그들이 생존했을 때 누리지 못했던 행복을 되찾아주기 위해 시나리오를 구상하고, 자신의 시나리오 속에서 그들을 재결합시켜주기로 결심하게 됩니다.

결말은 꽤 명확하지만, 여전히 몇 가지 질문에 대한 답이 필요합니다. 예를 들어, 브리오니는 왜 거짓말을 했을까요? 그녀는 악의로 거짓말을 한 것일까요, 아니면 순진해서 그런 걸까요? 또한, 롤라는 왜 폭행에 대해 거짓말을 했을까요?

브리오니는 여러 이유로 거짓말을 했다고 볼 수 있습니다. 첫째, 그녀는 어린 시절의 순진함과 상상력이 강한 소녀로서, 상황을 잘 이해하지 못하고 자신의 감정을 과장했을 수 있습니다. 둘째, 그녀는 로비와 세실리아의 관계를 질투하거나 복잡한 감정을 느끼면서 그들을 갈라놓기 위해 무의식적으로 거짓말을 했을 가능성도 있습니다. 마지막으로, 그녀는 자신의 행동이 가져올 결과를 충분히 인식하지 못했기 때문에 실수로 진실을 왜곡하게 된 것입니다. 이러한 복합적인 이유들이 브리오니의 거짓말에 작용했을 것으로 생각됩니다.

그렇다면 롤라는 왜 자신이 당한 성폭행에 대해 거짓말을 했을까요?

롤라가 폭행에 대해 거짓말을 한 이유는 여러 가지가 있을 수 있습니다. 첫째, 그녀는 자신의 경험을 보호하고 싶었을 수 있습니다. 폭행의 진실을 드러내는 것이 두려웠거나, 주변 사람들의 반응이 두려워서 진실을 숨기기로 결정했을 가능성이 있습니다. 둘째, 그녀는 브리오니와의 관계를 고려했을 수 있습니다. 진실이 드러나면 브리오니에게 영향을 미칠 수 있다고 생각했을지도 모릅니다. 마지막으로, 롤라는 상황을 이해하고 받아들이기 어려워 거짓말로 자신의 감정을 회피하고 싶었을 수도 있습니다. 이러한 복잡한 감정들이 롤라의 선택에 영향을 미쳤다고 볼 수 있습니다.

이 두 소녀의 거짓말로 인해 로비는 아동 성범죄자로 몰려 감옥에 수감되고, 결국 전쟁에 끌려가게 됩니다. 그렇게 헤어진 로비와 세실리아는 다시 만날 수 없게 되고, 두 사람 모두 비극적인 최후를 맞이하게 됩니다. 브리오니는 어린 시절 저지른 거짓말이 초래한 참혹한 결과를 마주하며 평생 동안 깊은 죄의식에 시달리게 됩니다. 소설 『속죄』는 후회와 그로 인해 변화하는 운명에 관한 이야기로, 단순한 거짓말이 인생을 어떻게 송두리째 바꿀 수 있는지를 보여주고 있습니다.

『속죄』는 이언 매큐언이 2001년에 발표한 영국 메타픽션 소설로, 1935년 영국, 제2차 세계대전 당시의 영국과 프랑스, 그리고 현대 영국(1990년대)이라는 세 개의 시대를 배경으로 합니다. 이 작품은 상류층 소녀의 반쯤 천진난만한 실수로 인해 망가진 삶, 그 실수의 그늘에 가려진 그녀의 성인기, 그리고 글쓰기의 본질에 대한 성찰을 다루고 있습니다.

매큐언의 대표작 중 하나로 널리 인정받는 『속죄』는 2001년 부커상 소설 부문 후보에 올랐으며, 2010년 타임지는 1923년 이후 가장 위대한 영어 소설 100편 중 하나로 선정했습니다. 이 작품은 인간의 실수와 후회의 복잡한 감정을 통해 독자에게 깊은 여운을 남깁니다.

'속죄'라는 제목은 주인공의 인생에서 목표가 되는 개념으로, 그녀가 자초한 되돌릴 수 없는 상처들을 어떻게든 보상하기 위한 노력들을 의미합니다. 이는 그녀의 내면에서 벌어지는 갈등과 후회의 상징으로, 결국 자신의 행동에 대한 책임을 지고자 하는 간절한 염원을 담고 있습니다.

3.3. 어휘 확장

'속죄'란 의미의 단어들을 문장과 함께 연결하여 공부해봅시다.

atonement 속죄; 죗값; 보상	I was making a pilgrimage in atonement for my sins. 나는 나의 죄를 속죄하기 위해 순례를 하고 있었다.
compensation 보상(금); (좋지 않은 점을 완화해 주는) 보상[이득]	They have a valid claim to compensation. 그들은 보상을 요구할 수 있는 정당한 청구권이 있다.
contrition (죄를) 뉘우침; 회오; [신학] 회개	There was no contrition and no apology. 반성도 없고 사과도 없었다.
expiation 속죄; (죄를) 선행으로 갚음; 보상	He went to the hospital for volunteer activity in expiation of his sin. 그는 자신의 죄를 속죄하기 위해 자원봉사 활동을 하러 병원에 갔다.
penance 속죄; 고행; 괴로운 일	They are doing penance for their sins. 그들은 자신의 죄에 대해 속죄를 하고 있다.

연습문제

1 다음 중 Ian McEwan의 소설이 아닌 것을 고르세요.

① *Saturday*
② *Amsterdam*
③ *On Chesil Beach*
④ *The Buried Giant*

정답 ④
해설 『*The Buried Giant* 파묻힌 거인』은 가즈오 이시구로(Kazuo Ishiguro)의 작품으로, 이 작품을 통해 그는 2019년 노벨 문학상을 수상하였습니다.

2 *Atonement* 의 시대적 배경과 거리가 먼 것을 고르세요.

① 1차 세계대전 당시 영국
② 2차 세계대전 당시 영국
③ 1935년 영국
④ 1999년 영국

정답 ①
해설 『속죄』는 1935년 영국, 제2차 세계대전 당시의 영국과 프랑스, 그리고 현대 영국이라는 세 시대를 배경으로 한 소설입니다. 현대 영국은 1935년에 13세였던 브리오니가 64년 후, 즉 77세의 나이에 속죄 소설을 쓰고 있는 상황을 고려할 때, 대략 1999년 즈음으로 설정할 수 있습니다.

3 *Atonement* 의 내용과 거리가 먼 것을 고르세요.

① Robie와 Cecilia는 진실한 사랑을 했다.
② Robie는 15살 소녀를 성추행했다.
③ Robie와 Cecilia는 다시 만나지 못하고 둘 다 죽었다.
④ Briony는 그녀의 소설을 통해 속죄하고 싶었다.

정답 ②
해설 ②는 Briony의 거짓말입니다. 이 거짓말로 인해 Robie는 억울하게 누명을 쓰고 감옥에 가게 됩니다.

키워드

1. *Atonement* (2001 Novel)
2. Ian McEwan
3. British Metafiction Novel
4. The Nature of Writing
5. Atonement (2007 Film)
6. Briony's Lie
7. Robie
8. Cecilia

10

Review & Questions

I. 영어 연설문을 통해 배우는 영어

II. 영화 명장면 명대사를 통해 배우는 영어

III. 영어 소설을 통해 배우는 영어

I. 영어 연설문을 통해 배우는 영어

영어 연설문을 활용하여 영어를 배우는 데에는
여러 가지 방법이 있습니다.

1. 청취 연습

연설을 듣고, 발음과 억양을 따라 하는 것이 도움이 됩니다. 이를 통해 자연스러운 언어 감각을 기를 수 있습니다.

2. 내용 분석

연설의 주제와 구조를 분석해 보며 주요 포인트를 정리해보세요. 어떤 방식으로 주장을 전개하고 있는지, 효과적인 수사법은 무엇인지 살펴보면 언어 능력이 향상됩니다.

3. 어휘 학습

연설문에서 새로운 단어와 표현을 찾아보고 의미를 익히세요.

4. 요약 작성 및 모델링

연설의 내용을 요약하여 자신의 말로 정리해보세요. 또한, 연설문의 내용을 바탕으로 자신의 의견을 정리해보세요. 이를 통해 자신만의 연설문을 작성하고 발표하는 연습을 하면 좋습니다.

5. 모의 발표

자신이 연설을 하는 것처럼 발표해보며 실력을 키우세요.

6. 토론

연설문 주제에 대해 친구나 스터디 그룹에서 토론해보세요. 의견을 나누는 과정에서 어휘와 표현력이 풍부해질 수 있습니다.

✎ 이러한 다양한 방법을 통해 연설문을 효과적으로 활용할 수 있습니다.
이제 우리가 앞에서 다룬 세 개의 연설문을 분석해봅시다.

1.

[Speech] J.K. Rowling, The Fringe Benefits of Failure

1.1. Review

1장에서 학습한 J.K. Rowling의 연설문인 “The Fringe Benefits of Failure”에 대해 분석해보겠습니다.

1) 주제와 메시지

Rowling은 실패의 중요성과 그것이 개인의 성장에 어떻게 기여하는지를 강조합니다. 실패를 두려워하지 않고, 그것이 새로운 기회를 제공할 수 있음을 이야기합니다.

2) 구조 분석

연설은 개인적인 이야기와 경험으로 시작하여, 실패에 대한 통찰로 이어집니다. 개인적인 사례를 통해 청중과의 공감대를 형성하고, 그 뒤에 더 보편적인 메시지를 전달합니다.

3) 수사법

Rowling은 비유와 예시를 사용하여 메시지를 더 강렬하게 전달합니다. 예를 들어, 자신의 실패 경험을 통해 얻은 교훈을 공유하며, 이를 통해 청중에게도 긍정적인 영향을 미치고자 합니다.

4) 어휘와 표현

Rowling은 간결하면서도 강력한 표현을 사용하여, 청중이 쉽게 이해하고 공감할 수 있도록 합니다. 감정을 담아 이야기하며, 듣는 이들이 몰입할 수 있게 만듭니다.

Rowling의 연설문에서 가장 기억에 남는 문장은 무엇인가요? 여러분의 생각을 적어보세요.

1.2. Questions

1 J.K. Rowling is a British author, philanthropist, film producer, television producer, and screenwriter.

정답 ○
해설 J.K. Rowling은 영국 출신의 작가이면서 자선가, 영화제작자, TV 프로듀서 및 시나리오 작가입니다.

2 J.K. Rowling is best known for writing the Harry Potter fantasy series (6 volumes in total).

정답 ×
해설 J.K. Rowling은 아동 fantasy 소설 Harry Potter 시리즈(전 7권)를 썼습니다. 이 책들은 전 세계적으로 5억 부 이상 팔리며, 역사상 가장 잘 팔리는 책 시리즈가 되었습니다.

3 In her speech, J.K. Rowling emphasized that qualifications and CV are very important in life.

정답 ×
해설 J.K. 롤링은 그녀의 연설에서 당신의 자격과 이력서가 당신의 삶이 아니라고 말했습니다. 이 말은 자격증이나 이력서에 적힌 내용이 전부가 아니며, 사람의 가치나 삶의 의미는 그보다 더 넓고 깊다는 것을 의미합니다. 즉, 개인의 경험, 인격, 열정 등이 더 중요하다는 메시지를 담고 있습니다. 위 진술문 관련하여 J.K. Rowling이 연설에서 언급한 부분 참고하세요. "Your qualifications, your CV, are not your life, though you will meet many people of my age and older who confuse the two."

>>> 다음 질문에 대해 가장 적절한 답을 고르세요.

4 다음 중 J.K. Rowling의 작품이 아닌 것을 고르세요.

① Harry Potter and the Lord of the Rings
② Harry Potter and the Philosopher's Stone

③ Harry Potter and the Goblet of Fire
④ Harry Potter and the Order of the Phoenix

정답 ①
해설 The Lord of the Rings(반지의 제왕)는 J.R.R. 톨킨(Tolkien)의 판타지 소설로, 중간계라는 가상의 세계에서 일어나는 이야기를 담고 있습니다. 주인공 프로도와 그의 친구들은 사악한 힘을 지닌 '절대반지'를 파괴하기 위해 모험을 떠나며, 다양한 인물과 종족이 등장합니다. 우정, 용기, 희생을 주제로 한 이 작품은 판타지 문학의 고전으로 널리 사랑받고 있습니다.

5 J.K. Rowling의 하버드대학교 졸업 연설에서 그녀가 강조한 주요 메시지는 무엇인가요?

① 성공의 중요성
② 친구의 지원
③ 실패의 긍정적인 측면
④ 부유한 삶의 의미

정답 ③
해설 실패의 긍정적인 측면은 실패를 통해 배우고 성장할 수 있는 기회를 제공한다는 것입니다. J.K. Rowling은 실패를 경험하면서 자신을 돌아보고, 진정으로 원하는 것을 찾을 수 있었다고 강조했습니다. 이는 성공보다 더 중요한 인생의 교훈을 안겨줄 수 있다는 메시지를 전달합니다.

6 J.K. Rowling의 하버드대학교 졸업 연설에서 그녀가 실패를 통해 얻은 중요한 교훈 중 하나는 무엇인가요?

① 모든 사람의 기대에 부응해야 한다.
② 실패는 나를 더 강하게 만든다.
③ 성공이 가장 중요하다.
④ 친구는 필요 없다.

정답 ②
해설 J.K. Rowling은 실패를 통해 자신이 더 강해지고 성장할 수 있었음을 강조했습니다.

>>> 다음 질문에 간단한 단답형으로 답변해 주세요.

7 다음은 J.K. Rowling의 하버드대학교 졸업연설문에 나오는 문장입니다. 빈칸을 적절한 영단어로 채우세요.

"Simply because failure ________ a stripping away of the inessential."

"간단히 말해서 실패는 불필요한 것들을 제거하는 것을 의미했기 때문입니다."

정답 meant

해설 "Simply because failure meant a stripping away of the inessential."
이 문장은 실패가 본질적이지 않은 것들을 제거하게 만들어, 진정으로 중요한 것들에 집중할 수 있게 해준다는 의미입니다. 실패를 통해 우리는 불필요한 것들을 벗어버리고, 진정한 가치와 목표를 찾아갈 수 있다는 메시지를 전달합니다.

8 다음은 J.K. Rowling의 하버드대학교 졸업연설문에 나오는 문장입니다. 빈칸을 적절한 영단어로 채우세요.

"I stopped ________ to myself that I was anything other than what I was."

"저는 제가 아닌 다른 어떤 것인 척하는 것을 그만두었습니다."

정답 pretending

해설 이 문장은 자신을 속이지 않고, 자신의 진정한 모습과 정체성을 받아들이기로 결심했다는 의미입니다. 즉, 자기 인식을 통해 진실한 자아를 인정하고, 더 이상 다른 사람이나 상황에 맞추려 하지 않겠다는 결단을 나타냅니다.

9 해리포터 시리즈 중 첫 번째 작품의 제목을 영문과 우리말로 쓰세요.

정답 Harry Potter and the Philosopher's Stone(1997)『해리 포터와 마법사의 돌』

해설 해리 포터 시리즈 중 첫 번째 작품은『해리 포터와 마법사의 돌』입니다. 1997년 출간 이후 엄청난 인기를 얻으며 전 세계적으로 사랑받았고, 그에 따라 다양한 상품들이 제작될 정도로 영향력이 컸습니다.

2.

[Speech] Steve Jobs, You've Got to Find What You Love

2.1. Review

2장에서 학습한 Steve Jobs의 2005년 스탠포드대학교 졸업 연설문 You've Got to Find What You Love에 대해 리뷰해봅시다.

1) 주제와 메시지

Jobs는 "자신이 사랑하는 일을 찾아야 한다"는 메시지를 중심으로 이야기를 전개합니다. 사랑하는 일을 추구하는 것이 인생에서 가장 중요한 요소 중 하나임을 강조합니다.

2) 구조 분석

연설은 세 가지 이야기로 구성되어 있습니다. 첫 번째는 대학 시절의 경험, 두 번째는 NeXT와 Pixar에서의 도전, 세 번째는 암 투병 경험을 통해 얻은 통찰입니다. 각 이야기가 서로 연결되어 Jobs의 메시지를 강화합니다.

3) 수사법

Jobs는 개인적인 경험과 감정을 공유하며 청중과의 공감대를 형성합니다. 또한, "점들을 연결하는 것"과 같은 비유를 사용하여 그의 주장을 명확하게 전달합니다.

4) 어휘와 표현

간결하고 직설적인 표현을 사용하여 청중이 쉽게 이해할 수 있도록 합니다. 감정이 담긴 어조로 이야기를 하여, 졸업생들이 자신의 삶에 대해 깊이 생각하게 만듭니다.

이 연설에서 가장 인상 깊었던 문장은 무엇인가요? 그리고 여러분이 사랑하는 일, 하고 싶은 일은 무엇인가요?

2.2. Questions

1 Steve Jobs was an American business magnate, industrial designer, investor, and author.

정답 ×
해설 스티브 잡스는 미국의 비즈니스 거물, 산업 디자이너, 투자자, 미디어 소유주였습니다. 그는 작가는 아니었습니다. *author: 작가

2 Steve Jobs was a pioneer of the personal computer revolution, along with his early business partner and fellow Apple co-founder Steve Wozniak.

정답 ○
해설 스티브 잡스는 초기 사업 파트너이자 애플의 공동 창업자인 스티브 워즈니악과 함께 개인용 컴퓨터 혁명의 선구자였습니다.

3 Steve Jobs advises graduates, "The only way to do great work is to love what you do."

정답 ○
해설 스티브 잡스는 졸업생들에게 "훌륭한 일을 할 수 있는 유일한 방법은 당신이 하는 일을 사랑하는 것"이라고 조언하였습니다.

>>> 다음 질문에 대해 가장 적절한 답을 고르세요.

4 다음 중 Steve Jobs의 스탠퍼드 대학 졸업 연설 내용이 아닌 것을 고르세요.

① "How can you get fired from a company you started?"
② "I found what I loved to do early in life."
③ "It was our revolutionary product, a three-in-one product."
④ "The only way to be truly satisfied is to do what you believe is great work."

정답 ③

해설 "It was our revolutionary product, a three-in-one product."
"이 제품은 3-in-1이라는 혁신적인 제품입니다."
이 문장은 Steve Jobs가 2010년 iPhone4를 발표할 때 언급한 내용입니다.

5 Steve Jobs가 하버드대학교 졸업 연설에서 강조한 주제는 무엇인가요?

① 성공의 비결 ② 기술 혁신
③ 교육의 가치 ④ 실패의 중요성

정답 ④

해설 Steve Jobs는 하버드대학교 졸업 연설에서 실패의 중요성을 강조하며, 실패를 통해 얻은 교훈이 자신을 성장하게 만들었다고 이야기했습니다. 그는 실패가 새로운 기회를 발견하는 과정으로 이어질 수 있으며, 회복력을 키우는 데 중요한 역할을 한다고 설명했습니다.

6 Steve Jobs가 하버드대학교 졸업 연설에서 실패를 통해 얻은 가장 중요한 교훈과 거리가 먼 영단어를 선택하세요.

① Defeat (패배) ② Courage (용기)
③ Perseverance (인내) ④ Resilience (회복력)

정답 ①

해설 Steve Jobs가 하버드대학교 졸업 연설에서 실패를 통해 얻은 가장 중요한 교훈으로는 Resilience, Perseverance, Courage, Growth와 같은 영단어들을 들 수 있습니다.

>>> 다음 질문에 간단한 단답형으로 답변해 주세요.

7 Steve Jobs의 하버드대학교 졸업 연설에서 두 번째 이야기는 어떤 주제에 관한 것이었나요?

정답 '사랑'과 '상실'

해설 스티브 잡스의 하버드대학교 졸업 연설의 두 번째 이야기 제목은 "My second story is about love and loss."로 사랑과 상실에 관한 이야기입니다. 그는 자신의 삶에서 중요한 사람들과의 관계, 그리고 그들을 잃었을 때의 아픔을 나누며, 사랑이 인생에서 얼마나 중요한지를 강조했습니다. 이러한 경험은 그에게 더 깊은 통찰력을 주었고, 결국 자신의 열정을 쫓는 데 큰 영향을 미쳤다고 설명했습니다.

8 Steve Jobs가 2007년에 소개한 iPhone의 주요 특징 중 하나는 무엇인가요?

정답 터치스크린 인터페이스
해설 스티브 잡스는 2007년에 iPhone을 소개하면서 스마트폰의 혁신을 이끌었습니다. iPhone의 가장 큰 특징은 직관적인 터치스크린 인터페이스로, 사용자가 쉽게 조작할 수 있도록 했습니다. 또한, 전화, 음악, 인터넷 기능을 하나의 기기에 통합하여 모바일 기기의 새로운 기준을 세웠습니다. 이 발표는 전 세계적으로 큰 반향을 일으켰고, 스마트폰 시장을 변화시켰습니다.

9 Steve Jobs, Jeff Bezos, Elon Musk와 같이 혁신적인 아이디어와 기술을 통해 각자의 산업을 혁신한 비전가를 영단어로 표현해보세요.

정답 Innovators(혁신가들), Visionaries(선구자들, 비전 제시자들), Trailblazers(개척자들)
해설 스티브 잡스, 제프 베조스, 엘론 머스크는 혁신적인 아이디어와 획기적인 기술을 통해 각자의 산업을 변화시킨 선구적인 리더입니다.

3.

[Speech] Greta Thunberg, The Disarming Case to Act Right Now on Climate Change

3.1. Review

3장에서 학습한 Greta Thunberg의 연설문 The Disarming Case to Act Right Now on Climate Change에 대해 리뷰해봅시다.

1) 주제와 메시지

Thunberg는 기후 변화의 긴급성을 강조하며, 즉각적인 행동의 필요성을 역설합니다. 그녀는 현재 상황의 심각성을 알리고, 미래 세대에 대한 책임을 강하게 인식시킵니다.

2) 구조 분석

연설은 기후 변화의 과학적 사실과 그로 인한 영향을 설명하며 시작합니다. 이후, 개인적 경험과 감정을 담아 청중의 감정을 자극하고, 마지막으로 행동 촉구로 마무리합니다.

3) 수사법

Thunberg는 강력한 비유와 감정적인 언어를 사용하여 청중의 심리를 흔듭니다. 예를 들어, "학교에서 배우는 과학적 사실들이 아무리 중요하더라도, 그런 지식들이 정치인들과 사회에 제대로 반영되지 않는 현실에서 우리가 공부하는 것이 무슨 의미가 있습니까?"라는 표현을 통해 청중의 감정을 자극하고 행동을 촉구하는 효과를 줍니다.

4) 어휘와 표현

간결하면서도 강력한 어휘를 선택하여 메시지를 명확히 합니다. 그녀의 직설적인 말투는 청중에게 강한 인상을 남기며, 행동을 촉구하는 힘이 있습니다.

Greta Thunberg의 연설문을 읽으며 '기후 변화'에 대한 인식을 어떻게 변화시킬 수 있었나요? 주변에서 가장 먼저 취할 수 있는 행동에는 어떤 것이 있다고 생각하나요?

3.2. Questions

1 Greta Thunberg is a Swedish environmental activist who is internationally known for challenging world leaders to take immediate action for climate change mitigation.

정답 ○

해설 그레타 툰베리는 기후변화 완화를 위해 세계 지도자들에게 즉각적인 조치를 하도록 촉구하는 것으로써 국제적으로 알려진 스웨덴의 환경 운동가입니다.

2 Many scientists do not agree that the Earth is warming and will continue to do so due to the 'greenhouse effect,' which is caused by fossil fuel emissions trapping heat in the atmosphere.

정답 ×
해설 많은 과학자는 지구가 온난화되고 있으며 대기에 열을 가두는 화석 연료 배출로 인해 발생하는 '온실 효과'로 지구온난화가 계속될 것이라는 데 동의합니다.

3 Droughts, floods, and pest propagation, etc. are caused by climate change.

정답 ○
해설 가뭄, 홍수, 해충 번식 등은 기후변화로 인해 발생하는 사례들입니다.

>>> 다음 질문에 대해 가장 적절한 답을 고르세요.

4 Greta Thunberg가 The disarming case to act right now on climate change라는 제목의 연설에서 보인 감정은 무엇인가요?

① 기쁨　② 분노
③ 슬픔　④ 희망

정답 ②
해설 Greta Thunberg는 이 연설에서 기후변화에 대한 무관심과 정치적 행동 부족에 대해 강한 분노를 표현했습니다. 그녀는 "우리는 미래를 빼앗기고 있다"라고 말하며, 즉각적인 행동이 필요하다고 강조했습니다. 그녀의 연설은 많은 사람에게 감정적인 반향을 일으키며 기후 변화 문제의 심각성을 일깨웠습니다.

5 Greta Thunberg가 기후변화에 관한 연설에서 강조한 주제는 무엇인가요?

① 기술 발전의 필요성
② 개인의 소비 감소
③ 기후 행동의 긴급성
④ 경제 성장의 중요성

정답 ③
해설 Greta Thunberg는 기후 행동의 긴급성을 강조하며 현재의 기후 위기가 인류의 미래에 심각한 위협이 된다고 경고했습니다. 그녀는 탄소 배출 감소와 지속 가능한 정책의 필요성을 강조하며, 더 나은 미래를 위해 즉각적인 행동이 필요하다고 강력히 촉구했습니다.

6 Greta Thunberg가 기후변화에 대해 언급한 주요 행동 기본 원칙 중 하나는 무엇인가요?

① 무역 전쟁의 확대
② 과학적 증거의 무시
③ 기술 의존
④ 개인의 책임

정답 ④
해설 Greta Thunberg는 기후변화에 대해 개인의 책임을 강조하며, 각자가 환경을 보호하고 지속 가능한 삶을 실천해야 한다고 주장합니다. 그녀는 개인의 행동이 집단의 행동으로 이어질 수 있으며, 작은 변화가 모여 큰 변화를 만들 수 있다고 믿습니다. 따라서 모두가 기후 위기에 대응하기 위해 자신의 역할을 다해야 한다고 촉구합니다.

>>> 다음 질문에 간단한 단답형으로 답변해 주세요.

7 빈칸에 들어갈 적절한 영 단어를 쓰세요.

"So, why are we not reducing our ____________? Why are they in fact still increasing?"

"그렇다면 우리는 왜 탄소 배출을 줄이지 않나요? 왜 실제론 배출량이 여전히 증가하고만 있나요?"

정답 emissions
해설 이 문장은 기후 변화 문제에 대한 의문을 제기하고 있습니다. 즉, 우리가 탄소 배출을 줄이지 못하는 이유와 그 대신 배출량이 여전히 증가하는 이유에 관한 질문입니다. 이는 정치적, 경제적, 사회적 요인들이 복합적으로 작용하여 환경을 보호하기 위한 노력이 부족하거나 효과적이지 않다는 것을 암시합니다. 따라서, 기후변화 해결을 위한 진정한 행동과 의지가 필요하다는 메시지를 전달하고 있습니다.

8 빈칸에 들어갈 적절한 영 단어를 쓰세요.

____________ and high temperatures worsened the 2020 bushfires in Australia.

가뭄과 고온으로 2020년 호주의 산불이 악화되었다.

정답 Drought

해설 이 문장은 2020년 호주의 산불이 가뭄과 높은 온도로 인해 더욱 심각해졌다는 것을 설명합니다. 기후변화로 인해 발생한 극단적인 기상 현상들이 산불의 발생과 확산을 촉진시켰으며, 이러한 자연재해는 생태계와 지역 사회에 큰 피해를 주었습니다. 이는 기후변화의 영향을 보여주는 한 예시입니다.

9 Greta Thunberg가 스웨덴 시청 앞 광장에서 한 연설에서 기후변화의 긴급성을 강조하며 지금 당장 해야 할 일은 무엇이라고 언급했는지, 한 단어로 대답해보세요.

정답 '행동(Action)'

해설 그레타 툰베리는 연설에서 기후변화의 긴급성을 강조하며, 정부와 정치 지도자들이 '즉각적인 행동'을 취해야 한다고 주장했습니다. 그녀는 과학자들의 경고를 인용하며, 미래 세대를 위해 기후 위기에 대한 해결책을 마련해야 한다고 촉구했습니다. 또한, 개인과 사회 모두가 기후 행동에 책임을 져야 한다고 강조하며, 지속 가능한 정책과 탄소 배출 감소의 필요성을 역설했습니다.

II. 영화 명장면 명대사를 통해 배우는 영어

영화의 명장면과 명대사를 활용한 영어 공부 방법은 흥미롭고 효과적인 학습이 될 것입니다.

1. 정서적 연결
   좋아하는 영화의 명장면을 보면서 감정적으로 연결하면 기억에 더 잘 남습니다. 해당 장면을 보고 느낀 점을 적어보세요.

2. 주제 분석
   영화의 주제를 파악하고, 명대사가 그 주제를 어떻게 표현하는지 분석해보세요. 예를 들어, 인내, 사랑, 우정 같은 주제를 찾고 관련된 장면을 떠올려보세요.

3. 토론하기
   친구나 스터디 그룹 멤버와 함께 명장면과 대사에 대해 토론해보세요. 서로의 의견을 나누면 더 깊이 있는 이해를 도울 수 있습니다.

4. 창의적 재구성
   명장면이나 대사를 바탕으로 새로운 이야기나 상황을 만들어보세요. 창의적인 접근이 학습에 도움을 줄 수 있습니다.

5. 기억력 강화
   명대사를 반복해서 읽고, 그 의미를 생각해보면 기억에 오래 남습니다. 나만의 해석을 추가해보는 것도 좋습니다.

✎ 그럼 우리가 앞서 배운 세 개의 영화를 어떻게 활용할 수 있을지 살펴보겠습니다.

4

[Film] A River Runs Through It, Robert Redford

4.1. Review

4장에서 학습한 Robert Redford 감독의 영화 A River Runs Through It에 대해 리뷰해보겠습니다.

1) 영화 감상

먼저 영화를 한 번 감상하세요. 시각적 요소와 감정을 느끼며 이야기의 흐름을 파악하는 것이 중요합니다.

2) 주제 분석

영화의 주요 주제를 생각해보세요. 가족, 자연, 삶의 의미와 갈등 등을 다룬 부분을 분석해보면 좋습니다.

3) 명장면 분석

영화의 핵심 장면을 선택하고, 그 상황과 감정을 분석해 보세요. 예를 들어, 가족 간의 갈등이나 자연의 아름다움을 표현한 장면을 통해 다양한 어휘를 배우고 감정을 표현하는 방법을 익힐 수 있습니다.

4) 명대사 학습

영화 속 인상 깊은 대사를 찾아 그 의미를 깊이 있게 파악하세요. 이를 바탕으로 자신의 경험과 연결짓거나 비슷한 상황에서 사용할 수 있는 문장을 만들어보는 것이 좋습니다.

5) 문학적 배경

이 영화는 노먼 맥클레인(Norman Maclean)의 자전적 소설을 원작으로 하므로, 원작 소설도 읽어보는 것이 도움이 됩니다. 문학적 요소와 영화의 차이를 비교해보세요.

6) 캐릭터 탐구

각 캐릭터의 성격과 그들이 겪는 갈등을 깊이 있게 분석해보세요. 특히 형제간의 관계와 그로 인한 감정의 변화를 주목할 필요가 있습니다.

7) 자연의 상징성

영화에서 자연은 중요한 요소입니다. 강과 낚시를 통해 표현되는 상징적 의미를 탐구해보세요.

8) 토론 및 발표

영화의 주제나 캐릭터에 대한 토론을 통해 자신의 의견을 영어로 표현하는 연습을 합니다. 이때, 다른 학습자들과의 의견 교환이 이루어지면 더욱 효과적입니다.

9) 글쓰기 연습

영화에 대한 리뷰를 영어로 작성해 보세요. 줄거리 요약, 감상 및 개인적인 생각을 담아 글쓰기 능력을 향상시킬 수 있습니다.

이런 방법으로 A River Runs Through It을 더 깊이 이해하고 즐길 수 있을 것입니다. 이 영화에서 가장 인상적인 장면이나 대사는 무엇인가요?

4.2. Questions

>>> 다음 진술이 참이면 ○, 거짓이면 ×로 표시해주세요.

1 Michael Feeney Callan thought that "Robert Redford dreamed of freedom, honesty and social fulfilment."

정답 ○

해설 Michael Feeney Callan은 Robert Redford의 인생이 게츠비풍의 매력적인 삶과 닮아 있다고 언급하며, "로버트 레드포드는 자유, 정직, 사회적 성취를 꿈꿨다"고 생각했습니다.

<출처> https://www.theguardian.com/film/2011/jun/12/robert-redford-biography-review

2 The film A River Runs Through It is based on the 1976 semi-autobiographical novella *A River Runs Through It* by Norman Maclean.

정답 ○

해설 영화 〈흐르는 강물처럼〉은 미국 시카고 대학 교수였던 Norman Maclean의 자전적 소설 *A River Runs Through It*을 영화화한 작품입니다.

3 Set in and around Chicago, United States, the story follows two sons of a Presbyterian minister, one studious and the other rebellious.

정답 ×

해설 Set in and around Missoula, Montana, the story follows two sons of a Presbyterian minister, one studious and the other rebellious. Montana주 Missoula를 배경으로 한 이 이야기는 장로교 목사의 두 아들, 하나는 학구적이고 다른 하나는 반항적인 아들의 이야기를 다룹니다.

>>> 다음 질문에 대해 가장 적절한 답을 고르세요.

4 Robert Redford**에 대한 설명 중 관련이 없는 것을 고르세요.**

① He is an American actor, director and activist.
② He is the recipient of various accolades, including two Academy Awards.
③ In 2014, Time magazine named him one of the 100 most influential people in the world.
④ He wrote film scripts of the movie A River Runs Through It.

정답 ④

해설 영화 A River Runs Through It은, 1976년 Norman Maclean의 반자전적 소설 *A River Runs Through It*을 원작으로, Richard Friedenberg가 스크린에 맞게 각색한 영화입니다.

5 다음 중 소설 『*A River Runs Through It*』과 관련이 없는 것을 고르세요.

① It is a semi-autobiographical novella by American author Norman Maclean.

② The historical setting of the novel is during World War II.

③ The period includes parts of the Prohibition period.

④ The Maclean family consists of father John, a Presbyterian minister, mother, protagonist Norman, and his brother Paul.

정답 ②
해설 소설 『*A River Runs Through It*』의 역사적 배경은 제1차 세계대전 이전과 그 이후입니다.

6 다음 영화들 중 동일한 주제와 관련되지 않는 것을 선택하세요.

① Life is Beautiful (1998)

② In the Name of the Father (1993)

③ Freedom Writers (2007)

④ Marvin's Room (1996)

정답 ③
해설 Life is Beautiful, In the Name of the Father, Marvin's Room, 이 세 영화의 공통된 주제는 가족과 사랑, 희생입니다. 각 영화는 어려운 상황 속에서도 가족 간의 유대와 사랑의 중요성을 강조하고 있습니다. 반면에, 영화 Freedom Writers의 주제는 교육, 인종 차별, 그리고 개인의 성장과 변화를 다룹니다. 특히, 어려운 환경 속에서도 학생들이 서로 이해하고 연대하며 자신의 목소리를 찾는 과정을 보여줍니다.

>>> 다음 질문에 간단한 단답형으로 답변해 주세요.

7 빈 칸을 영화 A River Runs Through It의 내용과 부합하는 영단어로 채우세요.

> In our family, there was no clear line between ________ and fly-fishing.

정답 religion
해설 이 문장은 Norman의 가족에서 '종교'와 '플라이 낚시'가 명확한 경계 없이 긴밀하게 연결되어 있다는 의미입니다. 즉, 두 활동이 서로의 삶에서 중요한 역할을 하며, 상호 간에 영향을 주고받는다는 것을 나타냅니다.

8 빈 칸을 적절한 영단어로 채우세요.

A River Runs Through It is a 1992 American drama film, adapted by Richard Friedenberg from Norman MacLean's 1976 ________________ novel of the same name.

정답 semi-autobiographical

해설 영화 A River Runs Through It은 1992년에 개봉한 미국 드라마로, 노먼 맥린의 1976년 반자전적 소설 『흐르는 강물처럼』을 원작으로 하여 리처드 프리덴버그가 각색한 작품입니다.

9 빈 칸을 적절한 영단어로 채우세요.

A River Runs Through It and Other Stories is a semi-autobiographical collection of three stories by American author Norman Maclean (1902-1990) published in 1976. The collection contains the ___________ *A River Runs Through It* and two short stories.

정답 novella

해설 *A River Runs Through It and Other Stories*는 1976년에 출간된 미국 작가 노먼 맥클린(1902-1990)의 반자전적 이야기 세 편을 모은 작품집입니다. 이 컬렉션에는 중편소설 *A River Runs Through It*과 단편 소설 두 편이 수록되어 있습니다.

5.

[Film] **Dead Poets Society, Peter Weir**

5.1. Review

5장에서 다룬 Peter Weir 감독의 영화 Dead Poets Society에는 여러 강렬한 장면과 영감을 주는(inspirational) 대사가 있습니다. "Carpe Diem"이라는 유명한 대사는 학생들에게 삶의 순간을 최대한 활용하라는 메시지를 전달합니다. 이 대사를 통해 영어 표현을 배우는 동시에, 그 의미와 감정을 이해할 수 있습니다. 또한, 영화의 다양한 장면을 분석함으로써 어휘와 문법 구조를 자연스럽게 익힐 수 있습니다. 학생들은 이러한 명장면을 반복해서 보며 발음과 억양을 연습할 수 있고, 감정을 담아 연기해 보면서 표현력을 키울 수 있습니다. 활용할 수 있는 방법은 다음과 같이 정리할 수 있습니다.

1) 주제 이해하기

영화의 주요 주제인 자아 발견과 삶의 의미에 대해 깊이 고민해 보세요. 이를 통해 여러분은 영어로 자신의 생각을 보다 자유롭게 표현할 수 있게 될 것입니다.

2) 대사 분석

영화의 명대사를 함께 읽고 그 의미를 깊이 있게 탐구하세요. 예를 들어, "Carpe Diem"의 뜻을 이해하고, 이를 바탕으로 자신만의 문장을 만들어 보도록 합니다.

3) 장면 재연

인상 깊었던 장면을 선택해 재연해 보세요. 이를 통해 자연스럽게 발음과 억양, 그리고 감정을 표현하는 연습을 할 수 있습니다.

4) 어휘와 표현 연습

영화에 등장하는 중요한 어휘와 표현을 학습하고, 이를 활용한 문장을 만들어 보세요. 예를 들어, "to seize the day"를 사용해 다양한 문장을 만들어보는 것입니다.

5) 감상문 작성

영화를 본 후, 자신의 감상을 영어로 작성해보세요. 이를 통해 글쓰기 능력을 향상시키고, 자신의 의견을 영어로 표현하는 연습을 할 수 있습니다.

6) 토론 및 발표

영화의 주제나 캐릭터에 대해 토론하고, 발표하는 시간을 가져보세요. 이를 통해 영어 말하기 능력을 키우고, 서로의 의견을 공유하는 경험을 할 수 있습니다.

이런 방법으로 영화 속 장면과 대사를 활용하면 영어 학습이 더욱 흥미롭고 의미 있게 진행될 수 있습니다. 여러분은 Dead Poets Society에서 어떤 장면이나 대사가 가장 마음에 드셨나요?

5.2. Questions

>>> 다음 진술이 참이면 ○, 거짓이면 ×로 표시해주세요.

1 The screenplay of the film Dead Poets Society (1989) is based on the semi-autobiographical story of Thomas Schulman.

정답 ○
해설 영화 죽은 시인의 사회(1989)의 시나리오는 토머스 슐만의 반자전적 이야기에 기반한다.

2 The main theme of the film is "Carpe Diem, Seize the day."

정답 ○
해설 영화의 메인 주제는 "카르페 디엠, 현재를 즐겨라" 이다.

3 Teacher Keating said: "We read and write poetry because it's cute."

정답 ×
해설 He said, "We read and write poetry because we are members of the human race."
그는 "우리는 인류의 일원이기 때문에 시를 읽고 씁니다."라고 말했습니다.

>>> 다음 질문에 대해 가장 적절한 답을 고르세요.

4 What subject does the main character, Mr Keating, teach in the film Dead Poets Society?

① Math ② Science
③ English ④ History

정답 ③
해설 영화 Dead Poets Society에서 존 키팅 선생님은 학생들에게 문학과 시를 통해 창의성과 개인성을 강조하며 독창적인 사고를 이끌어내는 수업을 진행합니다.

5 Which of the following statements is not in line with what Mr Keating told his students?

① "Words and ideas can change the world."
② "We read and write poetry because we are members of the human race."
③ "Medicine, law, business, engineering - these are not necessary to sustain life."
④ "Their eyes are full of hope, just like you."

정답 ③
해설 Keating 선생은 학생들에게 "Medicine, law, business, engineering - these are necessary to sustain life."라고 말하며 이러한 분야의 필요성을 언급했습니다. 그러나 그는 동시에 예술과 문학의 가치를 부각시켜, 학생들이 삶의 진정한 의미를 찾도록 격려했습니다.

6 다음 의미에 부합하는 문구를 선택해주세요.

"건강한 신체에 건강한 정신이 깃든다."

① Mens sana in corpore sano
② Veritas vos liberabit
③ Faber est suae quisque fortunae
④ Bona fide

정답 ①
해설 Veritas vos liberabit "진리가 너희를 자유롭게 할 것이다."
Faber est suae quisque fortunae "각자는 자신의 운명의 장인이다."
Bona fide "진실한; 진정한"

>>> 다음 질문에 간단한 단답형으로 답변해 주세요.

7 빈 칸을 영화 속 대사에서 사용된 영단어로 채우세요.

"That the powerful play goes on, and you may contribute a __________."

"강력한 연극이 계속되고, 여러분도 한 구절을 기여할 수 있습니다."

정답 verse
해설 이 문장은 인생이 계속 진행되고 있으며, 각 개인이 자신의 방식으로 그 과정에 기여할 수 있다는 의미입니다. 즉, 모든 사람은 자신의 삶에서 중요한 역할을 하며, 자신만의 이야기를 만들어 나갈 수 있다는 메시지를 전달합니다.

8 빈 칸을 영화 속 대사에서 사용된 영단어로 채우세요.

"The world is your __________."

"세상은 당신의 것" 또는 "세상은 당신에게 무한한 기회를 제공한다."

정답 oyster
해설 "The world is your oyster."라는 문장은 세상이 당신에게 무한한 가능성과 기회를 제공한다는 의미입니다. 즉, 원하는 것을 이룰 수 있는 자유와 잠재력이 있다는 긍정적인 메시지를 담고 있습니다. 이 문장은 윌리엄 셰익스피어의 희곡 "The Merry Wives of Windsor"에서 유래되었습니다. 이 작품에서 주인공이 세상의 기회를 강조하며 사용했습니다. 이 문구가 '젊은이들이 자신의 꿈을 찾고 표현하는 과정을 다루고 있는' 영화 Dead Poets Society에서도 언급됩니다.

9 빈 칸을 영화 속 대사에서 사용된 영단어로 채우세요.

"If you listen real close, you can hear them whisper their __________ to you. Go on, lean in, and listen."

"잘 귀를 기울이면, 그들이 당신에게 자신의 유산을 속삭이는 소리를 들을 수 있습니다. 가서, 몸을 기울이고 들어보세요."

정답 legacy
해설 이 문장은 과거의 사람들, 즉 선조들이 남긴 지혜나 경험을 주의 깊게 듣고 이해하라는 의미입니다. 그들의 유산이 여전히 우리에게 영향을 미치고 있으며, 그것을 배우고 받아들이는 것이 중요하다는 메시지를 전달합니다.

6.

[Film] The Remains of the Day, James Ivory

6.1. Review

영화 The Remains of the Day를 활용한 영어 공부 방법은 다음과 같습니다.

1) 주제 탐구

영화의 주제를 파악하고, 전문성, 자아 발견, 후회와 같은 주제에 대해 깊이 생각해 보세요. 이러한 주제를 영어로 표현하는 연습을 통해 생각을 정리할 수 있습니다.

2) 대사 분석

인상 깊은 대사를 선택하고, 그 의미와 감정을 분석하세요. 대사를 통해 다양한 어휘와 표현을 배우고, 실제 대화에서 사용할 수 있도록 연습해 보세요.

3) 캐릭터 연구

주인공 Stevens의 성격과 동기를 분석하고, 그의 행동이 영화의 전개에 어떻게 영향을 미치는지 논의해보세요. 이를 통해 영어로 사고하는 능력을 향상시킬 수 있습니다.

4) 감상문 작성

영화를 본 후 감상문을 영어로 작성해 보세요. 줄거리 요약, 개인적인 느낌, 그리고 배운 점을 정리하여 글쓰기 능력을 키울 수 있습니다.

5) 역할극

영화의 장면을 재현하거나 대사를 암기하여 역할극을 해보세요. 이를 통해 발음, 억양, 감정을 표현하는 능력을 기를 수 있습니다.

6) 토론 및 발표

영화를 보고 느낀 점이나 주제에 대해 다른 학습자들과 토론해 보세요. 다양한 의견을 듣고 자신의 생각을 영어로 표현하는 연습이 됩니다.

이런 방법들을 통해 The Remains of the Day를 활용한 영어 공부가 풍부한 경험이 될 것입니다. 이 영화에서 여러분에게 가장 인상 깊은 장면은 무엇이었나요?

6.2. Questions

>>> 다음 진술이 참이면 ○, 거짓이면 ×로 표시해주세요.

1 **"고매한 천성(Noble Instincts)"이란 점잖고 정직하고 선량하고 명예를 중시하는 속성을 의미한다.**

정답 ○

해설 영국 귀족 달링턴 경은 명예를 최우선으로 삼으며 어디까지나 신사답게 고매한 천성을 지녀야 한다고 생각합니다.

2 미국인 루이스 씨는 "아마추어리즘(Amateurism)"의 중요성을 강조한다.

정답 ×
해설 미국인 루이스 씨는 오늘날의 국제 정세는 명예보다는 실리가 우선이라고 주장하며, "프로페셔널리즘(Professionalism)"의 중요성을 강조하고 있습니다.

3 달링턴 경은 루이스 씨가 주장하는 "프로페셔널리즘(Professionalism)"은 선과 정의의 승리를 희구하기보다 탐욕과 이익을 우선순위에 두는 것이라고 비판했다.

정답 ○
해설 달링턴 경은 루이스 씨가 주장하는 "프로페셔널리즘(Professionalism)"을 비판했습니다.

>>> 다음 질문에 대해 가장 적절한 답을 고르세요.

4 소설 『*The Remains of the Day*』에서 '집사(butler)'에게 요구되는 주된 덕목이 아닌 것을 고르세요.

① emotional restraint (감정의 절제)
② professionalism (전문성)
③ dignity (품격)
④ brilliant (훌륭한; 멋진)

정답 ④
해설 소설 『*The Remains of the Day*』에서 집사(butler)에게 요구되는 주된 덕목은 '헌신'과 '전문성'입니다. 집사는 주인의 요구를 충족시키기 위해 완벽한 서비스와 '품격'을 유지해야 하며, 어려운 상황에서도 감정을 억누르고 냉철함을 유지하는 것이 중요합니다. 또한, 집사는 자신의 역할에 대한 깊은 자부심을 가져야 합니다.

5 영화 The Remains of the Day 속 영국인의 특징을 나타내는 단어와 거리가 먼 것을 고르세요.

① power ② decent
③ honourable ④ well-meaning

정답 ①
해설 영국인은 '품위 있고(decent)', '존경할 만한(honourable)' 성격을 지닌 '선한 의도의(well-meaning)' 사람들로, 항상 품격과 도덕성을 중시하는 특징이 있는 것으로 묘사됩니다.

6 다음 중 Kazuo Ishiguro의 작품이 아닌 것을 고르세요.

① *Klara and the Sun* ② *Never Let Me Go*
③ *Buried Giant* ④ *On Chesil Beach*

정답 ④
해설 *On Chesil Beach*(체실 비치에서)는 영국 작가 Ian McEwan의 2007년 중편소설로, 2007년 부커상 후보작으로 선정되었습니다.

>>> 다음 질문에 간단한 단답형으로 답변해 주세요.

7 빈 칸을 *The Remains of the Day*에서 언급된 하나의 영단어로 채우세요.

"________ instincts" refers to the qualities of being decent, honest, good and honourable.

"고매한 천성"이란 점잖고 정직하고 선량하고 명예를 중시하는 속성을 의미한다.

정답 Noble
해설 "Noble instincts"는 '고매한 천성'을 의미하며, 이는 올바르고 정직하며 선하고 존경받을 만한 품성을 나타냅니다. 즉, 이러한 본능은 인간의 도덕적 가치와 윤리를 반영한 긍정적인 특성들을 설명하는 것입니다.

8 *The Remains of the Day*의 아래 지문에서 빈 칸에 들어갈 적절한 영단어를 적어주세요.

"It is sometimes said that ________ only truly exist in England. Other countries, whatever title is actually used, have only manservants."

정답 butlers
해설 이 문장은 '집사(butler)'라는 직업이 영국에서만 진정으로 존재한다고 말하고 있습니다. 다른 나라에서는 어떤 직책이 사용되든 간에, '집사'라기보다는 단순한 '하인(manservant)'에 불과하다는 의미입니다. 즉, 집사의 역할과 품격은 영국에서 특히 독특하게 여겨진다는 점을 강조하고 있습니다.

9 *The Remains of the Day*에서 '집사(butler)'를 정의하는 영단어를 쓰세요.

정답 professionalism(전문성)과 dignity(품격)

해설 *The Remains of the Day*에서 '집사(butler)'를 단순한 하인이 아닌, 주인의 요구를 충족시키고 집안의 모든 것을 관리하는 중요한 역할로 정의하고 있습니다. '집사'는 전문성과 품격을 갖춘 인물로, 자신의 직업에 대한 자부심과 헌신을 보여주는 인물입니다. 이 작품을 통해 '집사'의 존재가 단순한 직업을 넘어 인간관계와 감정의 복잡성을 담고 있음을 살펴볼 수 있습니다.

Ⅲ. 영어 소설을 통해 배우는 영어

영어 소설을 읽는 방법에는 몇 가지 유용한 접근법이 있습니다.

1. 예상하기

   읽기 전에 제목이나 첫 문장을 보고 이야기의 주제를 예측해보세요. 상상력이 자극됩니다.

2. 문맥 파악하기

   모르는 단어가 나와도 문맥을 통해 의미를 유추해보세요. 전체 이야기를 이해하는 데 도움이 됩니다.

3. 주요 테마 찾기

   이야기의 주제나 메시지를 생각해보세요. 작가가 전달하고자 하는 바를 이해하는 것이 중요합니다.

4. 토론하기

   친구나 스터디 그룹과 함께 읽고 서로의 생각을 나누면 더 깊이 있는 이해가 가능합니다.

5. 감정 이입하기

   등장인물의 감정에 공감해보세요. 그들의 상황에 몰입하면 이야기가 더 생동감 있게 다가옵니다.

✎ 영 소설을 효과적으로 읽기 위한 방법으로 Story Mapping을 활용할 수 있습니다. 이야기를 시각적으로 정리하면서 캐릭터, 설정, 갈등, 해결 등을 도식화하면 이해도가 높아집니다. Story Mapping 교수법은 이야기를 시각적으로 정리하여 이해도를 높이는 방법입니다. 주로 다음과 같은 단계로 진행됩니다.

1. 주요 요소 식별

이야기의 주요 요소인 캐릭터, 설정, 갈등, 클라이맥스, 해결 등을 구분하여 정리합니다.

2. 맵 그리기

큰 종이나 화이트보드에 각 요소를 연결하여 시각적으로 표현합니다. 캐릭터는 상자 안에, 설정은 배경으로, 갈등과 해결은 선으로 연결해 볼 수 있어요.

3. 상호 관계 분석

각 요소가 어떻게 연결되어 있는지, 등장인물 간의 관계나 사건의 흐름을 분석해봅니다.

4. 이해도 점검

맵을 바탕으로 이야기의 흐름이나 주제를 다시 정리하며, 이야기에 대한 이해도를 점검합니다.

✎ 이 방법은 특히 복잡한 이야기일수록 효과적이며, 학생들이 이야기를 구조적으로 이해하는 데 큰 도움이 됩니다. 시각적으로 정리하여 기억하기도 쉽습니다.

스토리 맵핑 외에도 다양한 접근 방식이 있습니다. 학생의 수준, 관심사, 소설의 주제에 따라 여러 방법을 조합해 보는 것도 영 소설을 읽는 데 좋은 접근법이 될 것입니다. 예를 들어,

1. 토론식 학습

소설의 주제나 캐릭터에 대해 자유롭게 토론하면서 깊이 있는 이해를 도울 수 있습니다. 작품에 대해 자유롭게 의견을 나누고, 서로의 생각을 듣는 방식으로, 비판적 사고를 기르고, 다양한 시각을 접할 수 있습니다.

2. 롤플레잉

등장인물의 역할을 맡아 연기함으로써 이야기의 감정과 동기를 깊이 이해할 수 있게 돕는 방법입니다.

3. 비주얼 노트테이킹

이야기를 읽으며 그림이나 다이어그램을 그려서 시각적으로 정리하는 방법입니다. 기억에도 더 잘 남고, 창의력을 자극할 수 있습니다.

4. 하이라이트 및 마인드맵

중요한 구문을 하이라이트하거나, 마인드맵을 통해 주제나 캐릭터 간의 관계를 시각적으로 정리하는 방법입니다.

5. 창의적인 글쓰기(Creative Writing)

자신의 이야기를 써보면서 소설의 구조를 자연스럽게 배울 수 있습니다.

6. 비교 분석

비슷한 주제를 가진 여러 소설을 비교하면서 각 작가의 스타일이나 메시지를 분석하는 방법도 유용합니다.

7. 문헌 비평

특정 작품을 비판적으로 분석하여 작가의 의도나 사회적 맥락 등을 이해하는 방법입니다. 깊이 있는 사고를 촉진할 수 있습니다.

✎ 이 방법을 활용해서 7장, 8장, 9장에서 공부한 소설들을 효과적으로 공부하는 방법을 리뷰해보겠습니다.

7

[Novel] *Great Expectations*, Charles Dickens

7.1. Review

Charles Dickens의 *Great Expectations*를 효과적으로 읽는 방법은 다음과 같습니다.

1) 배경 이해

*Great Expectations*이 쓰여진 시대와 사회적 배경을 미리 조사하세요. 빅토리아 시대의 사회적 문제와 가치관을 이해하면 이야기의 깊이를 더할 수 있습니다.

2) 캐릭터 분석

주요 캐릭터의 성격과 동기를 정리해 보세요. 핍(Pip)과 같은 인물들의 성장 과정을 주의 깊게 살펴보면 이야기에 대한 이해가 깊어집니다.

3) 주요 테마 탐구

성장, 사회적 계급, 사랑과 배신 등의 주제를 중심으로 이야기를 분석하세요. 테마에 따라 각 장의 내용을 연결 지어보면 더 풍부한 해석이 가능합니다.

4) 어휘 및 표현 학습

어려운 어휘나 표현이 나오면 메모해 두고, 그 의미를 찾아보세요. 문맥 속에서 단어의 의미를 파악하는 것이 중요합니다.

5) 요약 및 정리

각 장을 읽고 간단한 요약을 작성해 보세요. 중요한 사건과 캐릭터의 변화를 정리하면 전체 이야기를 이해하는 데 도움이 됩니다.

6) 토론 그룹 참여

친구나 독서 모임에서 내용을 토론해 보세요. 다양한 시각을 듣고 자신의 생각을 표현하는 것이 큰 도움이 됩니다.

7) 비판적 사고

Dickens의 글쓰기 스타일이나 메시지에 대해 비판적으로 생각해보세요. 작가가 전달하고자 하는 바를 깊이 있게 분석하는 연습이 필요합니다.

이러한 방법들을 통해 *Great Expectations*를 더 깊이 있게 즐길 수 있을 것입니다. 여러분은 이 소설에서 어떤 캐릭터가 가장 흥미로웠나요? 가장 인상 깊은 문장은 무엇인가요?

7.2. Questions

>>> 다음 진술이 참이면 ○, 거짓이면 ×로 표시해주세요.

1 The moral theme of *Great Expectations* is that affection, loyalty, and conscience are more important than social advancement, wealth, and class.

정답 ○
해설 『위대한 유산』의 도덕적 주제는 "사랑, 의리, 양심이 사회적 출세, 부, 계급보다 더 중요하다"는 것입니다.

2 The story of *Great Expectations* has nothing to do with life today because it is the 19th century novel.

정답 ×
해설 『위대한 유산』은 오늘날에도 여전히 관련이 있는 것이 우리가 사람을 내면적인 성격보다는 부와 겉모습으로 판단하는 사회에서 살고 있기 때문입니다.

3 *Great Expectations* is a semi-autobiographical novel by Charles Dickens.

정답 ○

해설 『위대한 유산』은 찰스 디킨스의 반-자전적 소설입니다. 시골 마을의 대장간 견습공 핍의 어린 시절과 막대한 유산을 받고 런던 상류사회로 진입하는 젊은 성인 시절을 추적합니다.

>>> 다음 질문에 대해 가장 적절한 답을 고르세요.

4 다음 중 Charles Dickens가 쓴 소설을 고르세요.

① *Jane Eyre* ② *Amsterdam*
③ *Bleak House* ④ *The Buried Giant*

정답 ③

해설 ① *Jane Eyre*는 Charlotte Brontë의 작품입니다.
② *Amsterdam*은 Ian McEwan의 작품입니다.
④ *The Buried Giant*는 Kazuo Ishiguro의 작품입니다.

5 찰스 디킨스의 소설 『위대한 유산 *Great Expectations*』에서 작가가 전달하고자 하는 '진정한 유산'의 개념과 관련이 <u>없는</u> 것은 무엇인가요?

① 물질적인 부 ② 인간관계
③ 도덕적 가치 ④ 사랑과 우정

정답 ①

해설 찰스 디킨스의 소설 『위대한 유산』에서 작가가 의도한 '진정한 유산'의 개념은 물질적인 부가 아닌 인간관계, 도덕적 가치, 사랑과 우정 같은 정신적 유산을 의미합니다. 주인공 핍은 결국 진정한 유산이란 자신의 인격과 타인과의 관계에서 비롯된다는 것을 깨닫게 됩니다.

6 찰스 디킨스의 소설 『위대한 유산』에서 핍의 에스텔라를 향한 사랑에 대한 설명으로 옳지 <u>않은</u> 것은 무엇인가요?

① 핍은 에스텔라를 깊이 사랑하고 있으며, 그의 사랑은 순수하다.
② 에스텔라는 핍에게 따뜻한 태도로 다가와 그를 위로한다.
③ 핍은 에스텔라의 사랑을 얻고자 애쓰지만, 그녀의 무정함으로 상처받는다.
④ 핍의 사랑은 그가 자신의 정체성을 발견하고 인생의 진정한 가치를 고민하게 만드는 중요한 요소이다.

정답 ②
해설 핍은 에스텔라를 깊이 사랑하지만, 그녀의 차가운 태도와 외모로 인해 상처받습니다. 핍은 그녀의 사랑을 얻으려 애쓰며 갈등을 겪고 성장하게 되는데, 이 과정에서 자신의 정체성을 발견하고 인생의 진정한 가치를 고민하게 됩니다. 에스텔라에 대한 핍의 사랑은 『위대한 유산』의 핵심 주제이자 핍이 신사가 되려는 주요 동기가 됩니다.

>>> 다음 질문에 간단한 단답형으로 답변해 주세요.

7 빈 칸을 하나의 영단어로 채우세요.

Great Expectations is a novel by Charles Dickens. It is the story of the __________ Pip.

『위대한 유산』은 찰스 디킨스의 소설이다. 이 소설은 고아 핍의 이야기이다.

정답 orphan
해설 소설 *Great Expectations*에서 Pip은 고아로 등장합니다. 이 소설은 그의 성장 이야기와 삶의 경험을 중심으로 전개됩니다.

8 빈 칸을 소설 내용과 부합하는 하나의 영단어로 채우세요.

We are not ashamed of being stupid, we are only ashamed of being more stupid than our friends. It is a matter of ______________.

정답 comparison
해설 이 문장은 사람들은 자신의 지능이나 능력을 친구들과 비교하며, 상대적으로 더 낮은 수준이 되는 것을 부끄러워한다는 뜻입니다. 즉, 타인과의 비교를 통해 자기 평가가 이루어진다는 의미입니다.

9 빈 칸을 하나의 영단어로 채우세요.

Charles Dickens was the foremost English novelist of the Victorian __________.

찰스 디킨스는 빅토리아 시대 가장 유명한 영국 소설가였다.

정답 era 또는 age

해설 'the Victorian era'와 'the Victorian age'라는 표현은 서로 비슷한 의미로 사용되지만, 'era'는 특정한 역사적 시기를 강조하고, 'age'는 그 시기의 특징이나 성격을 강조할 때 쓰이는 경향이 있습니다. 즉, 문맥에 따라 약간의 뉘앙스 차이가 있을 수 있습니다.

8

[Novel] *Pride and Prejudice*, Jane Austen

8.1. Review

소설 *Pride and Prejudice*를 효과적으로 읽는 방법은 다음과 같습니다.

1) 배경 지식 습득

제인 오스틴이 살던 시대의 사회적 배경과 계급 구조를 이해하세요. 이 소설은 당시 사회의 결혼 관념과 여성의 위치를 다루고 있습니다.

2) 주요 인물 분석

엘리자베스 베넷, 미스터 다아시, 제인을 비롯한 주요 인물들의 성격과 관계를 정리해 보세요. 각 인물의 성장과 변화가 이야기의 핵심입니다.

3) 주제 탐구

자존심, 편견, 사랑, 사회적 계급 등 주요 주제를 중심으로 읽어 보세요. 각 주제가 어떻게 전개되는지를 살펴보면 이야기의 깊이를 이해하는 데 도움이 됩니다.

4) 비유와 문체 분석

오스틴의 독특한 유머와 비유를 주목하세요. 그녀의 문체와 어조를 감상하며 문학적 기법을 분석해보면 더 재미있습니다.

5) 장별 요약 작성

각 장을 읽고 간단한 요약을 작성해 보세요. 주요 사건과 인물의 변화를 정리하면 전체 흐름을 이해하는 데 도움이 됩니다.

6) 토론 및 의견 나누기

친구나 독서 모임에서 내용을 토론해 보세요. 다양한 해석과 의견을 공유하면 더 풍부한 이해가 가능합니다.

7) 비판적 사고

소설의 결말이나 인물의 행동에 대해 비판적으로 생각해 보세요. 오스틴이 전달하고자 하는 메시지를 깊이 있게 분석하는 것이 중요합니다.

이런 방법들을 통해 *Pride and Prejudice*를 더욱 효과적으로 즐길 수 있을 것입니다. 이 소설에서 어떤 장면이 여러분에게 가장 인상 깊으셨나요? 또는 가장 기억에 남는 문장은 무엇인가요?

8.2. Questions

>>> 다음 진술이 참이면 ○, 거짓이면 ×로 표시해주세요.

1 **Jane Austen의 소설 『오만과 편견 *Pride and Prejudice*』은 19세기를 대표하는 영국소설이다.**

> **정답** ×
>
> **해설** 제인 오스틴의 소설 『오만과 편견』은 18세기에 쓰여진 영국소설입니다. 18세기 영국 중산층 계급의 사랑과 결혼을 다룬 가정소설로, 부와 신분의 차이에 따라 맺어지는 결혼 풍속을 비판하고 낭만적 사랑을 통해 이루어지는 결혼의 과정을 섬세하게 묘사하고 있습니다.

2 **소설 『오만과 편견 *Pride and Prejudice*』의 시대적 배경은 산업혁명이 도래하면서 자본주의가 등장하는 시기로 문학작품에 진정한 인간, 즉 보통 사람이 주인공으로 등장하기 시작한다.**

정답 ○
해설 그 이전의 작품들은 대부분 주인공이 왕, 왕족, 종교인이었습니다.

3 Jane Austen의 문체와 소설 주제는 섬세한 시선과 재치 있는 문체로 18세기 영국 중상류층 여성들의 삶을 다루었다.

정답 ○
해설 제인 오스틴의 작품이 가정의 응접실에서 일어나는 사건을 다룬다는 데서 그녀의 소설을 응접실소설이라고 부르기도 합니다. 당시의 중상류 계급의 일상생활이 소 음악회와 지인과 친척을 중심으로 한 파티나 소풍이었다는 것을 볼 때 제인 오스틴의 소설도 이러한 시대적 환경의 영향을 받은 것이라 할 수 있습니다.

>>> 다음 질문에 대해 가장 적절한 답을 고르세요.

4 다음 중 Jane Austen이 쓴 소설을 고르세요.

① 『두 도시 이야기 *Tale of Two Cities*』
② 『폭풍의 언덕 *Wuthering Heights*』
③ 『설득 *Persuasion*』
④ 『젊은 예술가의 초상 *A Portrait of the Artist as a Young Man*』

정답 ③
해설 ① 『두 도시 이야기 *Tale of Two Cities*』는 영국 작가 찰스 디킨스가 1859년에 발표한 역사 소설로, 프랑스 혁명 전후의 런던과 파리를 배경으로 합니다.
② 『폭풍의 언덕 *Wuthering Heights*』은 영국의 작가 에밀리 브론테(Emily Brontë)가 필명 엘리스 벨(Ellis Bell)로 출간한 유일한 소설이자 유작 소설입니다.
③ 『설득 Persuasion』은 제인 오스틴에 의해 완성된 마지막 소설입니다. 그녀가 사망한 지 6개월째 되던 1817년 말에 출간되었습니다.
④ 『젊은 예술가의 초상 *A Portrait of the Artist as a Young Man*』은 1916에 발표된 제임스 조이스(James Joyce)의 자서전적인 소설입니다.

5 소설 『오만과 편견 *Pride and Prejudice*』에서 다아시가 엘리자베스에게 끌리는 이유로 올바르지 않은 것은 무엇인가요?

① 엘리자베스의 지적이고 독립적인 성격이 매력적이다.
② 엘리자베스는 다이시의 사회적 지위와 재산에 관심이 없다.
③ 엘리자베스의 외모가 다이시의 이상형에 완벽하게 맞는다.
④ 엘리자베스는 자신의 의견을 뚜렷하게 표현하는 강한 여성이다.

정답 ③

해설 다아시 씨는 엘리자베스의 활기찬 기질과 당당한 모습에 매료되어 사랑에 빠지게 됩니다. 처음에는 그녀의 외모를 못 느꼈지만, 시간이 지나면서 그녀의 매력과 매혹적인 눈을 발견하게 됩니다.

6 베넷가의 다섯 딸의 이름이 아닌 것을 고르세요.

① Jane

② Elizabeth

③ Lydia

④ Charlotte

정답 ④

해설 Their 5 daughters: Jane Bennet, Elizabeth Bennet, Mary Bennet, Kitty Bennet, Lydia Bennet. Charlotte Lucas is a friend of Elizabeth Bennet.
그들의 다섯 딸은 제인 베넷, 엘리자베스 베넷, 메리 베넷, 키티 베넷, 리디아 베넷입니다. 샬롯 루카스는 엘리자베스 베넷의 친구입니다.

>>> 다음 질문에 간단한 단답형으로 답변해 주세요.

7 빈 칸에 들어갈 소설의 제목을 영어로 작성하세요.

________________ follows the turbulent relationship between Elizabeth Bennet, the daughter of a country gentleman, and Fitzwilliam Darcy, a rich aristocratic landowner.

정답 *Pride and Prejudice*

해설 소설 『오만과 편견 *Pride and Prejudice*』은 시골 신사의 딸 엘리자베스 베넷과 부유한 귀족 지주 피츠윌리엄 다아시 간의 복잡하고 파란만장한 관계를 다룬 이야기입니다.

8 빈 칸에 들어갈 소설의 제목을 영어로 작성하세요.

Pride and Prejudice was originally titled ________________, but this title was rejected by publishers. After being rewritten, it was finally published in 1813.

정답 *First Impressions*
해설 『오만과 편견』은 원래 『첫인상』이라는 제목으로 불렸으나, 출판사에서 거절당했습니다. 이후 다시 집필되어 1813년에 마침내 출판되었습니다.

9 제인 오스틴의 소설 『오만과 편견』이 반영하고 있는 18세기 후반의 사회적 변화 두 가지는 무엇인가요?

정답 프랑스 대혁명, 산업혁명
해설 제인 오스틴의 『오만과 편견』은 18세기 후반의 사회적 변화, 즉 1789년의 프랑스 대혁명과 17세기 말부터 18세기에 걸쳐 진행된 산업혁명으로 인해 일반 대중이 주인공으로 등장하는 문학적 변화를 반영하고 있습니다.

9

[Novel] *Atonement*, Ian McEwan

9.1. Review

Ian McEwan의 소설 『속죄 *Atonement*』를 효과적으로 읽기 위한 방법을 정리해보겠습니다.

1) 배경 이해

소설의 시대적 배경인 제2차 세계대전 전후의 영국 사회를 조사하세요. 전쟁이 인물의 행동과 결정에 미치는 영향을 이해할 수 있습니다.

2) 주요 인물 분석

브리오니, 세실리아, 로비 등 주요 인물들의 성격과 관계를 정리해 보세요. 각 인물의 동기와 변화가 이야기의 핵심입니다.

3) 주제 탐구

죄책감, 구원, 사실과 허구, 사랑과 배신 등의 주제를 중심으로 읽어 보세요. 이러한 주제가 어떻게 전개되고 연결되는지를 살펴보면 이야기의 깊이를 이해하는 데 도움이 됩니다.

4) 구성 및 서술 기법 이해

소설은 여러 시점에서 서술되며, 특히 브리오니의 시각이 중요합니다. 서술 방식의 변화를 주의 깊게 살펴보세요.

5) 장별 요약 작성

각 장을 읽고 간단한 요약을 작성해 보세요. 주요 사건과 인물의 갈등을 정리하면 전체 흐름을 이해하는 데 도움이 됩니다.

6) 비판적 사고

인물의 행동과 결말에 대해 비판적으로 생각해 보세요. 작가가 전달하고자 하는 메시지를 깊이 있게 분석하는 것이 중요합니다.

7) 토론 및 의견 나누기

친구나 독서 모임에서 내용을 토론해 보세요. 다양한 해석과 의견을 공유하면 더 풍부한 이해가 가능합니다.

이러한 방법들을 통해 *Atonement*를 더욱 깊이 있게 즐길 수 있을 것입니다. 여러분에게 가장 흥미로웠던 주제는 무엇인가요?

9.2. Questions

>>> 다음 진술이 참이면 ○, 거짓이면 ×로 표시해주세요.

1 Ian McEwan의 **소설 『속죄 *Atonement*』 관련 진술입니다.**

> "In real life, Robbie died during the bombing of Balham tube station."

정답 ×

해설 이 진술은 거짓입니다. 소설 『속죄 Atonement』에서 Robbie는 전쟁 중에 사망합니다.

2 *Atonement* is about regret and how a simple lie can change one's fate.

정답 ○

해설 이 진술은 맞습니다. Ian McEwan의 소설 『속죄 *Atonement*』는 후회와 간단한 거짓말이 한 사람의 운명을 어떻게 바꿀 수 있는지를 다루는 이야기입니다. 이 소설은 잘못된 선택이 가져오는 결과와 그에 대한 속죄의 과정을 탐구합니다.

3 Main characters in *Atonement* are Briony Tallis, Cecilia Tallis and Robbie Turner.

정답 ○

해설 『속죄』의 중심인물인 브리오니 탈리스, 세실리아 탈리스, 그리고 로비 터너는 각기 다른 시각과 감정을 통해 이야기를 이끌어갑니다.

>>> 다음 질문에 대해 가장 적절한 답을 고르세요.

4 다음 중 *Ian McEwan*의 소설이 <u>아닌</u> 것을 고르세요.

① *Saturday* ② *Mansfield Park*
③ *The Children Act* ④ *Amsterdam*

정답 ②

해설 *Mansfield Park*은 Jane Austen의 작품입니다.

5 소설 *Atonement*에 전개된 시대와 장소의 배경과 관련이 <u>없는</u> 것을 고르세요.

① 1935년 영국 ② 1935년 프랑스
③ 1918년 영국 ④ 1999년 영국

정답 ③

해설 소설 *Atonement*의 배경은 주로 1930년대 영국의 한 저택과 제2차 세계대전 중 프랑스 전선에서 전개됩니다. 이야기는 다양한 시간대에서 진행되며, 특히 전후의 사회 변화와 개인의 죄책감을 탐구합니다.

6 소설 *Atonement*의 내용과 거리가 먼 것을 고르세요.

① Robie and Cecilia had a true love.

② Robie was falsely accused and went to jail.

③ Robie and Cecilia met again, but both eventually died.

④ Briony wanted to atone through her novel.

정답 ③

해설 *Atonement*는 브리오니라는 소녀가 오해로 인해 그녀의 언니 세실리아와 세실리아의 연인 로비의 삶을 망치게 되면서 벌어지는 이야기를 다룹니다. 브리오니는 자신의 행동으로 인해 두 사람의 관계가 단절되는 것을 후회하며, 이를 속죄하기 위한 여정을 시작합니다. 소설은 사랑, 오해, 그리고 시간의 흐름 속에서의 속죄를 주제로 하고 있습니다.

>>> 다음 질문에 간단한 단답형으로 답변해 주세요.

7 Why did Briony lie? Please answer with a single English word.
브리오니는 왜 거짓말을 했을까요? 이에 대한 답을 영단어로 적어보세요.

정답 misunderstanding(오해), confusion(혼란), deception(기만), 또는 love and jealousy (사랑과 질투)

해설 브리오니는 어린 나이에 자신의 상상력과 오해로 인해 거짓말을 하게 됩니다. 그녀는 성숙하지 못한 시각에서 사건을 잘못 해석하고, 사랑과 질투, 권력의 감정을 혼동하게 되죠. 이러한 거짓말이 결국 그녀의 가족과 친구들의 삶에 큰 영향을 미치게 됩니다.

8 빈 칸을 소설 내용과 부합하는 하나의 영단어로 채우세요.

I face an incoming tide of forgetting, and then __________.

정답 oblivion(망각)

해설 소설 『속죄』를 통해 작가인 이언 매큐언은 인간의 행동이 타인에게 미치는 영향을 탐구하고, 잘못된 판단과 오해가 가져오는 비극적인 결과를 보여줍니다. 또한, 속죄와 구원의 과정이 얼마나 복잡하고 개인적인지를 강조하며, 시간의 흐름 속에서 진실과 화해를 찾으려는 노력을 묘사합니다.
'redemption'과 'atonement'는 둘 다 속죄와 관련이 있지만, 초점이 조금 다릅니다. 'Redemption'은 죄나 잘못에서 벗어나 구원받는 과정을 의미하고, 'atonement'는 잘못을 속죄하고 그에 대한 보상을 하는 것을 강조합니다.

9 If you had to choose one English word to sum up the message of the novel *Atonement*, what would it be?
소설 『속죄』를 통해 작가가 말하고 싶은 것을 하나의 영단어로 표현한다면 무엇이 될까요?

정답 redemption(구원)
해설 이 문장은 잊혀짐과 망각의 흐름에 직면하고 있음을 나타내며, 기억이 사라지고 결국 완전히 잊혀질 위험을 표현합니다. 즉, 시간의 흐름 속에서 소중한 기억들이 점차 사라져가는 과정을 암시하고 있습니다.

참고문헌

1장

- https://youtu.be/RgKAFK5djSk
- https://en.wikipedia.org/wiki/J._K._Rowling
- https://www.ted.com/talks/jk_rowling_the_fringe_benefits_of_failure?utm_campaign = tedspread&utm_medium = referral&utm_source = tedcomshare
- https://www.ted.com/talks/jk_rowling_the_fringe_benefits_of_failure?utm_campaign = tedspread&utm_medium = referral&utm_source = tedcomshare
- https://news.harvard.edu/gazette/story/2008/06/text-of-j-k-rowling-speech

2장

- https://en.wikipedia.org/wiki/Steve_Jobs
- http://www.youtube.com/stanford
- https://news.stanford.edu/news/2005/june15/jobs-061505.html
- https://en.wikipedia.org/wiki/Apple_Inc.
- https://www.vye.agency/blog/10-quotes-on-creativity-and-inspiration-to-motivate-your-team
- https://www.wework.com/ideas/professional-development/creativity-culture/creativity-quotes

3장

- https://www.ted.com/talks/greta_thunberg_the_disarming_case_to_act_right_now_on_climate_change?utm_campaign=tedspread&utm_medium=referral&utm_source=tedcomshare
- https://www.ted.com/speakers/greta_thunberg
- https://en.wikipedia.org/wiki/Greta_Thunberg
- https://en.wikipedia.org/wiki/Climate_change

4장

- https://en.wikipedia.org/wiki/Robert_Redford
- https://en.wikipedia.org/wiki/A_River_Runs_Through_It_
- https://en.wikipedia.org/wiki/A_River_Runs_Through_It_(novel)
- https://www.keepinspiring.me/quotes-about-family/
- https://d23.com/section/walt-disney-archives/walts-quotes/page/6/
- https://www.brainyquote.com/quotes/brad_henry_167809

5장

- https://en.wikipedia.org/wiki/Dead_Poets_Society
- https://youtu.be/j64SctPKmqk
- https://youtu.be/vi0Lbjs5ECI
- https://youtu.be/Wey8nauEyA4

6장

- https://youtu.be/2Jq7xgVqPYA
- https://en.wikipedia.org/wiki/The_Remains_of_the_Day_(film)
- https://en.wikipedia.org/wiki/James_Ivory
- http://www.cswap.com/1993/The_Remains_of_the_Day
- https://en.wikipedia.org/wiki/The_Remains_of_the_Day
- https://en.wikipedia.org/wiki/Kazuo_Ishiguro

7장

- *Great Expectations* by Charles Dickens. Oxford Bookworms Library, Stage 5, Oxford University Press.
- https://www.grin.com/document/36426
- http://www.victorianweb.org/authors/dickens/gallery/39.html
- https://www.sparknotes.com/lit/greatex/themes/
- https://www.enotes.com/homework-help/why-do-you-think-great-expectations-good-book-314035

- https://www.enotes.com/homework-help/why-is-great-expectations-still-relevant-today-2404350
- https://www.bbc.co.uk/bitesize/guides/zsybr82/revision/1

8장

- *Pride and Prejudice* by Jane Austen. Oxford Bookworms Library, Stage 6, Oxford University Press.
- https://en.wikipedia.org/wiki/Pride_and_Prejudice
- http://www.janeaustensoci.freeuk.com/pages/biography.htm
- https://www.sparknotes.com/lit/greatex/themes/
- https://www.enotes.com/homework-help/in-pride-and-prejudice-how-does-mr-darcy-fall-in-1315908

9장

- https://en.wikipedia.org/wiki/Atonement_(novel)
- https://en.wikipedia.org/wiki/Ian_McEwan
  Ian McEwan website: www.ianmcewan.com
- https://en.wikipedia.org/wiki/Atonement_(2007_film)
  McKwan, I. (2001). Atonement. Jonathan Cape, UK.
- https://www.litcharts.com/lit/atonement/themes
- https://theoddapple.com/atonement-2007-movie-plot-summary-ending-explained/
- https://theoddapple.com/atonement-2007-movie-plot-summary-ending-explained/
- https://theoddapple.com/atonement-2007-movie-plot-summary-ending-explained/
- ATONEMENT (2007) ENDING EXPLAINED: WHY DID BRIONY LIE?
  Elle Morie | July 1, 2020 | FILMS | No Comments
- https://theoddapple.com/atonement-2007-movie-plot-summary-ending-explained/

번역 한정아(2003). 『속죄』. 문학동네.

참고 영상 The Film《Atonement》

- Atonement Official Trailer #1-Brenda Blethyn Movie (2007) HD
- https://youtu.be/lqkSq_xwrDU

  Atonement 2007
- https://youtu.be/5emuKeRmvGE

  Text 10/Atonement (final scene)
- https://youtu.be/kDY5fx5C73I

찾아보기

인물(Authors, directors, actors, etc.)

등장인물(Characters)

‖ 작품 제목-연설, 영화, 소설(Title of work: Speech, Film and Novel)